1秒で子どもたちの反応が変わる!!

また読んで欲しくなる読み聞かせ

JN066314

絵本プロフェッショナル協会 代表理事
絵本作家・朗読家

北島多江子

みらいPUBLISHING

はじめに

～なぜ私は絵本作家・朗読家になったのか？～

初めまして、絵本作家・朗読家の北島多江子と申します。本書を手に取り出合ってくださったことに、感謝の気持ちでいっぱいです。本当に有難うございます。

「絵・文・読む」すべて行える絵本作家・朗読家として、読み聞かせ講師を務めております。

突然ですが、一つ質問させていただいても良いでしょうか？

「あなたには、叶えたい夢はありますか？」

「今、その夢を叶えている最中でしょうか？」

それとも、「もうあきらめた方がいいかもしれない」と思っているとしたら、その期間はどのぐらいでしょうか。３年ぐらい？　５年以上でしょうか？

私自身、そのような期間が、約30年ありました。

あこがれの童話作家・絵本作家を目指し、公募に挑戦しても落選ばかりの30年でした。

「公募に応募するのは、夢にチャレンジしていることにしたいだけなのかもしれない」

と繰り返し自問自答していた時期もありました。

しかし、そのとき、「どうしたら叶えられるのか」の方法を考えるのではなく、思い切っていったんあきらめてからの人生を考えてみることにしました。すると、

「これから先30年、40年以上の時間があるのに、どうして今あきらめてしまうの？　こんなにたくさん時間があるのに、なぜ叶えようとしないの？」

人生の最期を迎える自分から、そう言われたように思ったのです。

「もう絶対後悔するに決まっている。今生きている人生で、伝えたい言葉を本で届けたい」

本気で覚悟を決めて、車の運転と包丁を使うとき以外の時間を作品に打ち込んで応募したところ、第4回絵本出版賞「絵本のストーリー部門」最優秀賞を受賞することができたのです。

受賞絵本は『大みそかに、じかんがじゃんけん大会？』（みらいパブリッシング）です。

初受賞まで30年かかった絵本は、「子どもたちが、まだ出合っていないお話を届けたい」という気持ちが大きな支えでした。

私は現在、絵本作家・朗読家として、静岡県浜松市を中心に活動している「未来学校」に社会人講師として所属し、小中高へ職業講和にあたる「未来授業」を行っています。

その未来授業の中で、

「夢は探すと見つからない。夢は、気付くことが大事だよ。気付くためには、自分の土台が何で作られているのか、分かっていることが大切なんだよ。その土台によって、同じ体験をしても、夢につながる体験になるのか、ただ『喜んでもらえて良かった』で終わってしまうか、人生は大きく変わってしまう」

と熱く語っています。

私の一番の肩書きは、朗読家です。

高校三年生のとき、ボランティア活動で訪問した介護施設で、初めての朗読を喜んでくださった方の笑顔が、「朗読家である証」です。その証である「朗読家」を名刺に明記していたことで、パステルアート講座を担当しているNHK文化センター浜松教室から、新設される朗読講座講師をご依頼いただきました。この講座をきっかけに、子どもの頃から感じている「絵本のリズム」や、「なぜ、このページだけゆっくりめくるんだろう?」という、感覚でしか分からないことを言語化して、独自メソッドを確立しました。

そしてそのことを知ってくださった、家庭文庫のえほん文庫さん（浜松市）より、

「絵本に囲まれながら読み聞かせの講座を開講したいのですが、お願いできませんか？」

とご相談があり、読み方・選び方などを習得できる読み聞かせ講座・絵本講座・大人が楽しむ絵本のブックトーク・養成講座を第7期まで、多数開講させていただきました。

読み聞かせ講師としては、保育科の学生の皆様へ、読み聞かせの講義を行い、保育実習で実践されたときに、「意識して絵本を読めるようになり、見る方も見やすいと褒められました」など、ご感想をお寄せくださり、大変励みになっています。

その他、行政機関での読み聞かせ講師を務めており、認定講師も養成しています。

それでは、絵本作家を目指したのは、「子どもの頃から、絵を描くのが好きだった」だと思われますか？　実は……、『パステル和（NAGOMI）アート』を描けるようになるまで、絵が描けなかった絵本作家です。

小学校の担当クラスで、読み聞かせをするたびに、「どうして自分の絵本じゃないの？　自分の絵本で読み聞かせをしたい」と思い、表現したい絵の描き方を探していたところ、いくつも偶然が重なり、ようやく『パステル和（NAGOMI）アート』に出合えたのです。

人生をかけてまで夢中になる絵本の楽しさや魅力を、「絵本の読み聞かせ」を通して伝え広めたいと思っております。

そして、「1秒で子どもたちの反応が変わる!!」メソッドを、本書では分かりやすくお伝えしますので、ぜひ一緒に「お話の世界」を、旅しましょう。

もくじ

第2章　なぜ読み聞かせを学ぶ必要があるのか？……55

第3章　読み聞かせのメソッド……75

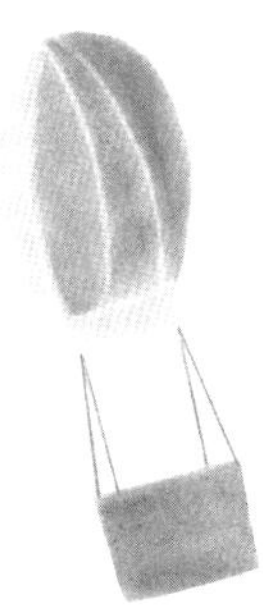

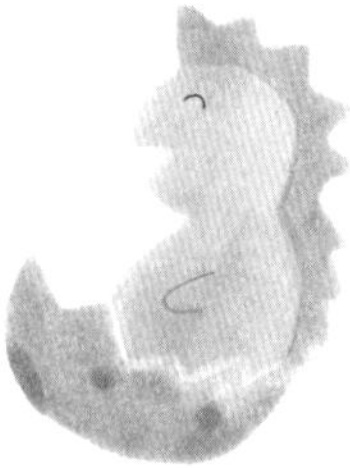

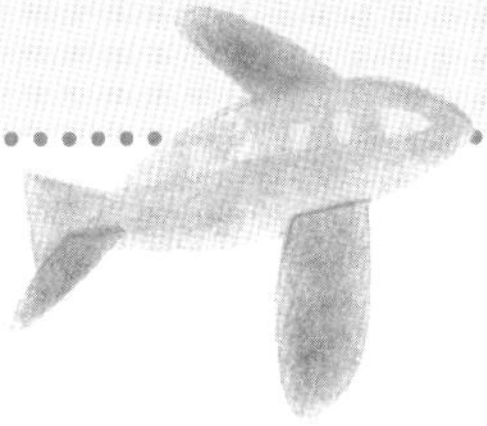

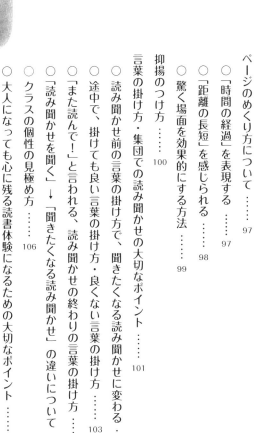

第4章　子どもがこんな場合、どうすればいい？……109

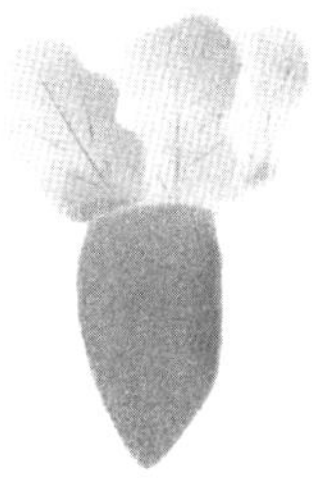

第1章　読み聞かせは、なぜ楽しい？

「なぜ読み聞かせは、楽しいのでしょうか」と聞かれたら、どのように回答されますか？

お話の世界に夢中になれるのが楽しい、ページをめくるたびに、「どうなるのかな？」とわくわくしちゃう。1人ではなく、子どもたちと絵本を一緒に楽しめることが嬉しい。

一冊の絵本から、お話が広がるように、回答は無限にあるのではないでしょうか？

ここでは、私自身の経験などを踏まえながら、読み聞かせや絵本にはどのような魅力があるのか、お伝えしていければと思います。

I　読み聞かせの効用

①「お話の世界」を旅できる

～1秒で、現実に戻ってしまう～

私が絵本の読み聞かせの魅力を最も感じるのは、「お話の世界」をみんなと一緒に旅することができることです。

その旅とは、読み聞かせならではの「声のぬくもり」を感じながら、文字をまだ読めないお子さんや、言葉をこれから覚えていく赤ちゃんも一緒に楽しめる旅です。

誰もが夢中になる「お話の世界」は、現実ではありえないことが「ある」世界です。

例えば、動物園の動物たちは、人間のように話すことができないと分かっていても、絵本のお話では、ライオンがサーカスの団員だったり、大きなクマがスープを作っていても、「そうである」と思えるのが、絵本の楽しさであり魅力ではないでしょうか？

そのように、みんなと一緒に楽しめる「お話の世界」を、子どもが通っていた小学校の昼休みに始めたばかりの、「読み聞かせの時間」の名前に提案したことがあります。

一番上の子どもが小学校に入学して少し経った頃に、幼稚園のお話サークルで一緒に活動していた方が、「校長先生が読み聞かせをしてくれる人を探しているんだけど、北島さんを紹介しても良い？」と、声を掛けてくれました。

当時、静岡県浜松市で読み聞かせを行っている小学校は、まだ1、2校ぐらいしかない状況で、「まずは昼休みから始めてみましょう」ということになったのです。

そこで、近隣の幼稚園の先生と私の2人が、交代で担当することになりました。確か2、3回ぐらい行ってから

「読み聞かせの時間に、名前を付けてくれませんか？」

と校長先生からご相談があり、私が提案した「お話の世界」を採用してくださったのです。名前には、子どもたちと一緒に、絵本のお話の世界を旅する楽しさを込めています。

そして、その旅の切符は「絵本」です。

それは、誰でも手にすることができる切符です。誰もが出発できるように、出発のホームは、バリアフリーになっています。

たとえ自分でページをめくるのが難しいお子さんでも、読み聞かせならば、一緒に旅する人が協力してくれます。そして共に、夢中になって旅を楽しむことができます。

ただ旅の途中では、くれぐれも「1秒」にお気を付けくださいませ。1秒違うだけで、現実に戻ってしまいかねません。

お話の世界を旅することで、自分がいる場所がどんどん広がっていきます。そのことを、ぜひ体感してほしいです。

そして、子どもたちが卒業したあとも、読み聞かせボランティアを続けており、今でも「お話の世界」を一緒に旅しています。

②発想力・想像力が養われる

絵本の楽しさはなんといっても、平面に描かれている絵と、書かれているお話を、自分で、わくわく想像して楽しめる点です。

例えば、絵本の場面で、宝島に向かう大きな船が描かれているとします。想像する楽しさとは、その大きな船に乗った気持ちになり、波がザバ～ンと水しぶきがかかっているようにイメージできることです。そして、その大きな船が、宝島に向かうと、ぐんぐんスピードを上げて向かっていくように感じられるのが絵本の楽しさなのです。

しかし、技術の進歩により、それらのように想像する余地がないほどの色あざやかな映像や、立体映像に触れる機会が増えている子どもたちは、自分で想像する楽しさを体感できる機会が、年々少なくなっているように感じています。

例えば、私が子どもの頃は、常に想像して遊んでいました。石1個でも、みんなと夢中になり、ゴム1本で遊ぶゴム跳びで、全校生徒が運動場で場所取りするぐらい何でも遊び道具にしていました。

常に遊びでは、夢中になって想像したり、もっと面白くなるように発想していました。今はもう、そういう機会を用意してあげないと、子どもたちは遊べなくなってしまうのではないかと懸念《けねん》しています。

公園で、ボール遊びができないなど、自由に遊べなくなってきている子どもたちに、ぜひ「お話の世界」では、「まだ帰りたくない！」と言うぐらいに旅を楽しんでほしいです。

そして、その旅のお土産として、発想力と想像力が育まれるのだと思います。まさに私が当メソッドを生み出せたのも、絵本を通じて、ゼロから生み出す力が育まれたからだと思っています。

③ 情緒が育まれる

ページをめくる場面によって、わくわくしたり、ぷっと笑ったり。まるでジェットコースターの急降下を繰り返すかのように、一冊の絵本で私たちの感情は動きます。

それでは、絵本を読んだ冊数が多ければ、感情は豊かに育まれるのでしょうか？　ここでは誤解をおそれずに伝えさせていただくと、必ずしも＝（イコール）とは言えないと思っています。

絵本の作品の大きな力により、色々な感情が動きますが、大切にしていただきたいのは、「共有・共感」です。

動いた感情に、「びっくりしたね～」など、子どもの感想などを受け止めて、同じように感じることで、子どもたちは安心して、心が満たされて、「情緒が育まれる」のです。

絵本を通じて、「驚いた」「悲しかった」「嬉しかった」など出てきた言葉を共感してもらえることで、子どもたちは感情豊かな言葉を用いた会話ができるようになるでしょう。

そして、絵本を通じて、親子で絵本のお話を「こう思った。こう感じた」と、共感し合ったり、絵本に出てくるおやつを作ってみたり、一緒に体感することで、子どもの感情は豊かに、成長していくのです。

④言葉の表現が豊かになる

絵本の本文では、様々な言葉が使われています。

例えば、風が吹いている様子では、「ビュー、ビュー」「そよそよ」であったり、太陽も「ジリジリ」「ぽかぽか」のように表現されることがあります。動物の鳴き声では、ライオンが、「ガォ〜！」と、力強く大きな鳴き声ならば、ヤギは、「メ〜」と、ちょっと力が抜けるような、かわいらしい鳴き声で表現されるように、絵本の本文では、とても豊かに言葉が表現されています。ガチャガチャなどの擬音語もそうです。

絵本では、それらの短い言葉が、場面によっては繰り返されるので、子どもが覚えて、日常会話で使ったりすることがあります。

また絵と一緒に、それらの言葉を聞くことで、よく覚えているようで、「絵本の場面に似たような状況のときに、絵本のセリフを言ったりして驚きました」といった、感想を聞くこともあります。

このように、絵本の表現豊かな言葉が、日常会話で自然と使われているのは、きっと「共感」してくれたからだと思います。

例えば、ケーキが描いてある絵本があるとします。

「さあ、今日はたかしくんの誕生日です。おいしそうないちごがたくさんのっています」という本文のとき、「わぁ〜、いちごだ！」と、お子さんが言ったとします。そのときに、「おいしそうだね」など、おいしそうに思っている気持ちに共感することで、絵本のセリフと自分が思っている気持ちがつながって、「おいしい」という言葉を覚えると思うのです。

読み聞かせで、繰り返し同じ言葉を聞けば覚えるかもしれませんが、知識となる言葉になるのか、共感することで感情が動いて覚えた言葉になるのかで、お子さんの言葉の表現が変わってくるのではないでしょうか？

絵本ならではの言葉のリズムを、会話と交えながら、ぜひ楽しんでみてください。

⑤親子で一緒に楽しめる

絵本は、子どもだけでなく、大人にも人気があるように、幅広い世代で愛されています。絵本に関連した商品など、数多く販売されていて、読み終えてからも、絵本の世界観に魅了されますよね。そしてなんといっても、読み聞かせの魅力は、読み手である親御さんが絵本を読みながら、聞き手であるお子さんと親子で一緒に楽しめることです。

それでは、その絵本の読み聞かせは、どこからが「始まり」で、どこまでが「終わり」だと思われるでしょうか？

「絵本のタイトルを読む」→「表紙をめくる」→「本文を読む」→「表紙を閉じる」

ここで終わりだと思っていませんか？　でも、まだ続きがあるのです。それは、どのような続きでしょうか？

例えば、絵本を読み終えてからも、お話の続きを楽しむように、

「あの赤いプレゼントの箱には、何が入っているのかな～？」

「ウサギさんが作っていた、名前のクッキーを作ってみたい！」

「ちゃんと歯磨きをしたら、歯ブラシさんはおしゃべりしてくれる？」

子どもたちは、自由な発想で想像します。

日常会話とはちょっと違う、絵本ならではの会話を、ぜひ楽しんでほしいと思います。

絵本のお話を楽しむ想像力や発想力は、風船がふくらむように育まれるでしょう。

しかし、このような読み聞かせの時間をゆったり楽しみたいと思っていても、日々の忙しさで、「毎日続けるのは、ちょっと……」と負担に感じられる場合もあると思います。

もちろん、毎日「絵本を読みたい！」と読み聞かせを楽しみにされているのであれば、ぜひ続けていただければと思います。

しかし、「読まないといけない」。そう思う日は、お休みしましょう。

少し負担に感じている気持ちは、読み聞かせをしている声に混ざって伝わってしまいます。声は心を表現するものなので、絵本のお話をそのまま届けられないと感じる日は、「今日は、お休みしてもいい？」と、お子さんに伝えてみてください。「いやだ」と言われて、お休みできないかもしれませんが、「読む」という行動よりも、「時間」を大切にしていただきたいのです。

読み聞かせをお休みしたいと思う日は、今日の出来事など会話を楽しんだりして、罪悪感を感じないでくださいね。

私も、お休みしたことが何度もあるので、同感します。

当時、童話作家を目指すぐらい絵本が大好きでした。でも、我が家には3人の子どもがいるので、1人一冊ずつ読もうとすると、合計三冊も読まないといけないんだ……。ついそう思ってしまう日がありました。そういう日は、なんとか一冊だけになるように、じゃんけん大会で、スペシャルな一冊を決めるなどしていました。

でも今、子育てで一番戻りたいのは、「読み聞かせの時間」です。あの読み聞かせの時間は、一日24時間の5～10分ではなく、人生の中でとても大切な時間だったのだと、成人した子どもたちと過ごしているからこそ、今でも強く感じています。

ただ、心にひっかかっているのは、「もう一冊読んで？」と言われたときの対応です。私の表情を見て、子どもたちに、「お母さんは疲れているのに、わがままを言っちゃった」と思わせてしまったかもしれないと気になっています。

なので、それぞれのご家庭のペースで、読み聞かせの時間を楽しんでほしいです。

きっと読み聞かせで体感したことは、大人になっても、「心に残る読書体験」として、未来につながっていくでしょう。

Ⅱ　読み聞かせが気付かせてくれた〝絵本作家への夢〟

ここからは、私の幼少期から絵本作家になるまでの過程をお伝えします。絵本との出合いや思い出では、どのようなエピソードがありますか？　部分的であっても、大切に記憶されているのではないでしょうか？

私自身も、子どもの頃、小学校の図書室や図書館で、たくさんの絵本を読みましたが、実は、そのときのことはほとんど覚えておらず、我が子への読み聞かせで、改めて絵本の楽しさを再認識しました。

絵本作家でありますが、絵を描くのは得意ではなく、朗読家ですが、人前で話すのが得意だったわけでもなく、内気で人見知りな子どもでした。

1人静かに本を読んでは、何度も「お話の世界の一人旅」を楽しんでいた子どもの頃に出合った絵本や本は、私の人生の土台を作ってくれました。

それでは、その土台が、どのように作られたのか、私の人生というお話の世界の旅に、お誘いしてもよろしいでしょうか？　少し長い旅路になりますので、ご了承くださいませ。

本が大好きだった幼少期

我が家には、父がそろえてくれた本がたくさんあったのですが、それは絵本ではありませんでした。

家の本棚にあったグリム童話やアンデルセン童話は、百科事典のように厚くてずしりと重かったです。いくつかのお話がまとめられて一冊の本になっていて、全シリーズそろっていました。

その他では、「なぜなに」シリーズの本もそろっていました。

「どの動物が、一番速いでしょうか？」というページには、新幹線と速さを比べているチーターの絵が描いてあったり、乗り物の種類など、図鑑に近い内容の本ばかりでした。

なので、絵本を読んだ記憶は、引っ越しを機に会社勤めになった父が、休日によく連れて行ってくれた図書館です。

2階の児童書コーナーでは、ピーターラビットの絵本（著：ビアトリクス・ポター　訳：いしいももこ、福音館書店）を借りたりしていました。

当時、父がよく連れて行ってくれた図書館が、どこにあるのかあえて聞かずに、自分で運転をして行ったことがあります。

館内に入って、2階に上がる階段で思い出したのです。小学三、四年生ぐらいの自分が、1階で本を選んでいる父を待ちながら、何冊も絵本を読んでいる光景が思い浮かんできました。

図書館で読んだ絵本は、ピーターラビットの絵本以外は思い出せないのに、やはり「絵本を読んでいる時間」「絵本を楽しんでいる場所」は、大人になっても覚えているのだと、とても嬉しい驚きでした。

いつも絵本を選び終わると、1階にいる父を探しに行き、父との会話も少し覚えています。きっと大好きな図書館での出来事だから、ずっと心に残っているのだと思います。

内気で人見知りな性格

なぜここまで、絵本や本に夢中になる人生を送るようになったのでしょうか。これに関しては、ただ単に、ページをめくった続きのお話を知りたい、という思いと、幼少期の内気な性格が関係していると思います。今の社交性や人前で話す職業などから想像できないかもしれませんが、子どもの頃は、いつも誰かの後についていったり、1人静かに遊んでいることが多かったのです。

もしこの世に、絵本や本が無ければ、自分の心の居場所に困ってしまうぐらい、本は、私にとって無くてはならないものでした。

今でも鮮明に覚えているのは、風邪で学校を休んだときに、熱は下がったけれども、もう一日休むことになり、枕元にたくさんの本を並べて、ひたすら読んでいたことです。

当時、我が家は自営業だったので、1階のお店に両親がいる安心感もあり、楽しくて嬉しくてたまりませんでした。

それからなんといっても、一番の楽しみは雑誌の付録のビニールレコードのお話です。若い人たちにはあまりなじみがないかもしれませんが、私が子どもの頃は、ソノシートと呼ばれる薄いレコード盤に収録されたお話を、レコードプレーヤーで何度も繰り返し、夢中になって聞いていました。今でもよく覚えているのは魔女に追いかけられた話です。

真っ暗な夜の学校に逃げ込んだ、男の子やイヌたちが、魔女につかまりそうになり、魔法のほうきで空に向かって飛んだのです。スピードを上げても、魔女が迫ってきて、あと少しでつかまってしまうというときに、朝日が雲から差し込んできて、魔女はその太陽の陽で消えてしまい、みんな助かったというお話です。

何度も聞いては同じ場面でハラハラして、お話に自分なりに色付けをして、想像しながら楽しんでいました。

今思うと、絵本作家の原点かもしれません。

初めての絵本の読み聞かせは学校で

1人で読んでいた絵本を、初めて読み聞かせしたのは、放送委員をしていた小学六年生のときです。

お昼の放送を担当していたのですが、当時、私の学校では、給食の献立や食材の豆知識を読んで放送していました。それなのに、なぜかある日、「これを読んでください」と、絵本を渡されたのです。

国語の授業での本読みと違い、全校児童と先生に向けて、放送しなくてはなりません。

しかも、1、2回下読みをしたら、すぐ本番でした。ページをめくる音が入らないように気を付けながら、読み進めました。お話を楽しむ余裕などなく、ただ本文を読むのに必死だったことを覚えています。

なんとか無事読み終えて、ほっとしていたら、校長先生が放送室に入ってきて、「今、絵本を読んだのは誰ですか?」と聞いてきました。「私です」と返事をすると、「学年とクラスと名前を教えてください」とおっしゃるので伝えると、「とっても上手でしたよ」と褒めてくださったのです。

当時、「読み聞かせ」のことを知らなかったので、「絵本を読んだ」ことを褒められたという認識でしたが、とても嬉しかったのを覚えています。もう一回、絵本を読んだと思うのですが、なぜか放送委員では私だけでした。

しかも、話すのが得意だったというわけでもないのに、なぜ放送委員になったのか、今でも不思議に思っています。

それでも、この出来事は後に夢へとつながっていくのでした。

ボランティア活動での朗読

小学校で、絵本を読んだことを褒められたのに続いて、中学と高校の国語の授業でも、1回ずつ本読みを褒められたので、「ほんの少しだけ得意なのかも？」と、思えるようになりました。

私は、社会人講師として職業講和をしている未来授業でも、子どもたちに、「同じことを3回褒められたら、それは特技だと言えるんだよ」と伝えています。なので私の場合「読むこと」は、ちょっと自信が持てる特技かもしれない、と思うようになりました。

だからあのとき、「ぜひ朗読のお手伝いをさせてください」と言えたのだと思います。

あのときとは、高校三年生のボランティア活動でのことです。訪問させていただいた介護施設の廊下で、職員の方から「誰か朗読のお手伝いをしてくれる人はいませんか?」と呼び掛けられました。

介護施設の入居者の中に、ご病気により、ご自身でページをめくれなかったり、視力が弱くなったため、小さい文字を読めなくなった方がいらっしゃるということで、その方へ、朗読のお手伝いをしてほしいとのことでした。

自分以外に、5、6名ほどいたと思うのですが、みんな「できません」と断りました。それは無理もないと思います。たとえ読書が好きでも、自分で読むのと、人に読むのとではわけが違いますよね。

そこで私は、「上手に読めるか分かりませんが、ぜひ朗読のお手伝いをさせてください」と言いながら手を挙げました。なぜ手を挙げられたのかと言いますと、読むことを3回褒められた経験が、後押ししてくれたのです。

そして何よりも、お話の続きを楽しみにされている方の「読書の時間」が無くなったときの辛さを想像すると、私が上手に読めるかなんて、どうでも良いと思いました。

朗読のお手伝いを頼まれた方の部屋に入らせていただき、あいさつをすると、まずご自身の身体状況について話してくださいました。

その部屋の棚にはたくさんの本があり、一日で読書が大好きなことが分かりました。

「〇〇の本を取ってくれますか？」と言われた本を取り出し、続きから朗読を始めました。

読めない漢字があったら、「へんは〇で、つくりは×なのですが？」とうかがうぐらい、不慣れな朗読でした。しかし、その方は「△△ですよ」と親切に教えてくださいました。

辞書を引くときもあり、お話が途切れることもありましたが、読み終えたとき、

「あなた、読むのがとても上手ね」

と、褒めてくださったのです。それが、とても嬉しく、遠くを見つめながら、続きのお話を楽しんでくださった笑顔に、大変感激しました。

その笑顔を見た瞬間、「もし自分の作品を読むことができたら、もっと一緒にお話を楽しめるのでは？」と、思いました。しかし当時、絵は描けませんでしたし、文章を書くのは好きでしたが、小説は大人の文章だから難しい。

もう無理かな、と思いましたが、

「グリム童話やアンデルセン童話のような、童話の書き方を覚えたら、自分にも書けるかもしれない！」と感じました。

それは「童話作家になりたい」という夢に気付けた瞬間で、私が朗読家である証になった笑顔と出合えた出来事でした。

突然、終わってしまった〝読み聞かせの時間〟

我が子への読み聞かせを始めたのは、一番上の子どもがお腹にいるときです。子育ての本に「絵本の読み聞かせ」は、お腹の赤ちゃんの成長に良いと推奨されていたので、自分の声を覚えてほしいという思いで読み始めました。

無事元気に生まれてからは、絵本の絵を指差しながら、短いお話などを読んでみると、赤ちゃんでもよく見ていて、ちゃんと聞いている姿がほほえましかったです。

私自身は、両親が自営業で忙しかったこともあり、読み聞かせをしてもらった記憶がないので、図書館で「読み聞かせの方法」「おすすめ絵本の一覧」が書いてある本を借りてきて、手探りで始めていました。

父が何度も連れて行ってくれた、図書館の児童書コーナーで、読み聞かせの絵本を選んでいるときに、「あれっ？　この絵本、子どもの頃に読んだような気がする」と思ったことがあります。その瞬間、まるでタイムスリップしたかのように、図書館にいる自分は母でありつつも、１階で父が本を選んでいるのを待ちながら、絵本を何冊も読んでいた子ども時代の自分でもあるように感じました。

３人目の子どもが生まれると、夜寝る前の読み聞かせは、最低でも三冊になりました。お布団に入り、私の両側から絵本をわくわくしながらのぞき込む、子どもたちの笑顔が愛しくてたまりませんでした。

それでもやがて、「絵本を読んで」と言ってくれる子どもは、末っ子だけになりました。

末っ子は小学三年生ぐらいのとき、いとこが読んでいた児童文庫がお気に入りで、それを毎日１章ずつ読み聞かせするようになりました。ただその１章は、絵本の読み聞かせに比べて、倍以上の時間がかかるので、「明日でも良い？」と、私の方から時々言うようになってしまいました。

すると、その明日は、ある日突然、来なくなってしまったのです。

「お母さんは、忙しいでしょ。もういいから」

と言われてしまったことで、我が家の読み聞かせは終了しました。

どうして24時間もある一日のほんの数分に応えてあげられなかったのだろうと、罪悪感と申し訳なさで、今でもすごく後悔しています。

もう続きを読むことがないと分かっていても、その児童文庫は反省を込めて、今でも大切に残しています。

この出来事から、「読み聞かせの時間は、一日の中での時間ではなく、人生の中での時間」「読み聞かせの卒業は、子どもが決めたら、読みたくても終わってしまう」といったことを今でも大切に、心に刻んでいます。

絵本のお話のような、子どもとの会話

読み聞かせを習慣にしていましたが、様々な場面を疑似体験することで、子どもの感性が豊かだなと感じることが多々ありました。

ある日、まるで昔話の「キツネの嫁入り」のようなお天気の日がありました。太陽が出ているのに、サーッと雨が降ったり止んだりしていました。

そこで、私が「もしかしたら、キツネさんがお嫁入りしているのかな～？」と言うと、「本当だ、絵本と同じだ。どこで結婚式をしているのかな？」と、キツネさんの結婚式をみんなでお祝いしたことがありました。

そのほかにも、晴れたり曇ったりする天気の日に、

「もしかして、今は太陽さんと雲さんが、かくれんぼをしているかも？」と言うと、

「お母さん、今は太陽さんが出ているから、太陽さんが鬼なの？」

「あっ、今度は雲さんが鬼になったよ」

そんな子どもたちと楽しくやり取りをした日から、しばらく経っていた頃、主人の実家に行ったときも同じような天気だったときがありました。

すると、子どもたちはよく覚えていて、

「おばあちゃん、今ね、太陽さんと雲さんがかくれんぼをしているんだよ」

と教えてあげたのです。おばあちゃんは、ほほえましく思ってくれて、一緒に会話を楽しんでくれました。

これらは、「そんなことないよ」と言うこともできます。しかし、子どもたちが同じように「そうかもしれない」と思っていたことに、感性が豊かだなと思いました。

まるで、自分たちで絵本を作っているかのようでした。

創作好きな子どもに

読み聞かせを通して、発想力が養われたように思うのは、幼少期だけでなく大人になってからもです。特に、ゼロから1を作る発想力です。ある程度の形があって、アレンジする発想力もありますが、前者の方が絵本を通じて、培《つちか》われたと思います。

幼少期では、よくブロックで遊ぶと思います。立体的に作るのが、我が子は得意で、「上手だね」というよりも、「すごい！」と驚いて、すぐ子どもと一緒に写真を撮るほどだったのです。

その自由な発想は、幼稚園での工作でも発揮されて、2年連続で市の展示会にクラスの代表の1人として選ばれました。大人になってからは、デザインの仕事をしていて、発想力がすごいなと思っています。

そして、小説を投稿している子どもがいるのですが、許可を得て読ませてもらうと、引き込まれるような文章を書いていて驚きました。

「絵本をたくさん読み聞かせしたのと関係があると思う？」と聞いてみると、

「あると思うよ」と、小説を書くときや、文章を表現するときに思うそうです。

子育てで、今度は我が子が絵本の読み聞かせをしている様子は、かつての読み聞かせの時間を思い出します。

これらは我が家の場合ですが、絵本をたくさん読む＝発想力が養われることを期待して読み聞かせするのではなく、ごく自然に想像することを楽しんでほしいと思います。

始まる前から盛り上がった、紙芝居

私が〝集団での読み聞かせ〟を初めて経験したのは、未就園児サークルでの紙芝居でした。

近所のお母さんが、未就園児サークルがあることを教えてくださり、子どもと何回か参加していたあるとき、紙芝居を読んでほしいと頼まれたのです。

二番目に読むことになったのですが、我が子以外に読むのは初めてだったと思います。

その紙芝居は、ブタとデコレーションケーキが描いてあったので、タイトルを読む前に、

「ねぇ、みんなは動物の鳴き声で知っているのはあるかな？　じゃあ、クイズを出すよ」

「イヌは、なんて鳴くんだっけ？」

と聞くと、子どもたちが元気よく、「ワンワンだよ」と答えてくれました。

続けて、ネコの鳴き声を質問してから、「じゃあ、ちょっと難しいよ。ブタさんは、どうやって鳴くんだっけ？」とさらに聞くと、「ブーブー」の大合唱でした。

「みんなよく知っているね。そのブーブーと鳴くブタさんの紙芝居の始まり始まり～」

そのように、読む前に「お話の入り口」に、みんなを集めて、一緒にお話の世界に入れるようにしてみました。

そのときは、そうした方が良いと、頭で考えたわけではありませんが、ごく自然に小さいお子さんから大きいお子さんまで、一緒に楽しめるように即興で工夫しました。

子どもたちも、ブタさんのイメージができてから、お話が始まっているので、とっても盛り上がってくれました。

読み聞かせでの初めての大失敗

集団での読み聞かせは、未就園児サークルで、急に頼まれて紙芝居を読んで以降、子どもが通っていた幼稚園で読み聞かせボランティアをしていました。

一番上の子どもが小学校に入学してからは、昼休みの読み聞かせを担当させていただきました。しかし、我が子よりも上の学年には、どのような絵本を読めば良いのか分からなかったので、初回は、図書を担当されている先生が、私と近隣の幼稚園の先生の分を選書してくださいました。

そして、当日。空き教室には、入りきれないほど、児童が集まってくれ、廊下で聞いてくれる子もいるほどでした。

低学年、中学年が多く、初めての取り組みということもあり、何が始まるのか楽しみに待ってくれていました。

一冊目の読み聞かせは、幼稚園の先生が読んでくれました。しかし、読み聞かせの最中、徐々にざわつき始めたのです。

というのも、図書の先生が選書してくださったその絵本は、とても有名で、教科書にも掲載されるほどの名作です。しかし、笑ってしまう面白い話だったり、冒険にわくわくする話ではありませんでした。

とても深く重たいテーマで、読み終わるまで10分以上もかかる絵本でした。

私は隣で次の番を待ちながら、子どもたちの様子を見ていました。しかし、これから続けて行く「読み聞かせの時間」で聞く姿勢は大事だと思い、自分の番が来る前にこう言ってしまったのです。

「みんなには、ちょっとお話が難しかったかもしれないし、長く感じたかもしれない。けれど、図書の先生が選んでくれた絵本を、（幼稚園の）○○先生は、お家で練習して、お仕事の最中なのに読み聞かせしてくれたんだよ。

だから、最後までお話を聞けないと思ったら、教室から出て行ってもらっても良いです。ちゃんと聞いてくれる子だけ残ってほしいです」

教室の中はしんと静まり、とてもじゃないけど、和気あいあいと絵本を楽しむような雰囲気ではありませんでした。

すぐ続けて、場の雰囲気を変えつつもまとめるように、「ちょっと厳しいことを言っちゃったけど、みんなと一緒にお話を楽しみたい時間だから、みんな協力してくれる？」と呼び掛けました。

そして私の番が始まりました。しかし、またもや一冊10分以上かかる絵本。有名な絵本作家の受賞作ですが、集まってくれた子どもたちには難しすぎました。

図書を担当されている先生も、「読み聞かせ」は初めてだったため、手探りで選書してくださったようです。

この出来事から、どんなに素晴らしく有名な絵本でも、その絵本を一番楽しめる年齢に読み聞かせをすることが、とっても大切なのだと痛感しました。

ありがたいことに、二回目も開催されましたが、前回に比べて人数は半分以下に減ってしまいました。

前回の教訓を活かして、二回目は、絵本の選び方が書かれている本を参考にして、自分で選書をしました。当時、一番下の子どもは1歳前の赤ちゃんだったので、同居している父に30分だけ、とにかく抱っこして見てもらって小学校に向かいました。

しかし、絵本の選び方や読み方を工夫したものの、人数はより少なくなっていきました。

それでもいつも参加してくれる子どもたちと読み聞かせを楽しんでいると、ある日、読んでいる途中で、体育館で始まる集会に集まるように放送が入ったのです。

その子たちは、とても優しくて、あと数ページで終わる読み聞かせを最後まで聞こうとしてくれました。

なんとか最後まで読み終わるように、「急いで読むね」と声を掛けて、読むスピードを上げたのですが、再び集合の放送が入りました。

聞きたいけれど遅れてしまうと困っている表情を見て、「今日は、ここで終わりにしよう。体育館に行ってね。最後まで聞こうとしてくれてありがとうね」と送り出すと、「すみません」とみんなお辞儀をして、急いで体育館に向かって行きました。

小学校での取り組みは、まだ始まったばかりとはいえ、「読み聞かせの時間」が重要視されていないように感じて、正直やるせない気持ちになりました。

しかし、翌年度に赴任《ふにん》された校長先生が、「とても素晴らしい取り組みなので、クラス担当で行えるように、活動を広げていきましょう」と、読み聞かせボランティア団体が発足したのです。1年目は四年生までクラス担当ができて、2年目以降は全クラスの朝の時間で、定期的に読み聞かせを行えるようになりました。

読み聞かせボランティアをしている方へ

読み聞かせボランティアをしていると、子どもたちが「今日は、どんな絵本かな?」と楽しみに待っていてくれたり、お話を楽しんでくれたりして、嬉しいことがたくさんあります。そして読み聞かせの楽しさを届けているつもりが、実は私の方が子どもたちから受け取っていたことに気付いたエピソードを紹介させてください。

初めてそのクラスを担当したのは、子どもたちが四年生のときでした。我が子よりも二学年上なので、絵本の選書は手探りでしたが、いつも楽しんでくれたのが励みでした。

その年度は、五年生以上のクラスを担当するボランティアが集まらなかったのですが、次年度、担当した学年が五年生になったとき、全クラスを担当する人数が集まり、私も持ち上がりで担当させてもらいました。

読み聞かせボランティアの方がおすすめしてくれた、「あらしのよるに」シリーズを、毎回一冊ずつ読み聞かせしました。徐々にクラスが一つになるのを感じられ、最終話では、私と子どもたちだけでなく、担任の先生も感動し、読み聞かせを通しての一体感は、今でも覚えています。

しかし、六年生になったとき、担当を外れることにしたのです。再就職を考えていたので、年度の途中でできなくなるのは申し訳ないと思い、活動を終了することに決めました。とはいえ、各クラスの担当を決める会合の最中も、「今、電話を掛ければ間に合うかもしれない」。何度もそう思ったのですが、やはり断念することにしました。

すると、自分が思っていた以上にかけがえのない時間だったことに気付いたのです。

読み聞かせの楽しさを伝えているつもりが、読み聞かせの楽しい時間を過ごさせてもらっていました。

読み聞かせは、目に見えて反応があるときもあれば、一方通行に感じるときもあるかもしれません。それでも、一緒に楽しみたいという気持ちは、絵本のお話と共に、子どもたちへ届いていると思います。

30年かけて叶えた絵本作家の夢

絵本作家の夢の前に、童話作家になりたいと思っていました。そう思ったのは、高校三年生のときの「ボランティアでの朗読」を喜んでくださった笑顔を見たときです。

そこから初受賞まで、なんと30年かかりました。その間、9割以上が落選です。何度も「今度こそ」と思いながらチャレンジするものの、心のどこかで「受賞なんて無理だよね」と、思いながらのチャレンジでした。

実際に、「公募に応募するのは、自分に才能や実力がないことを認めたくなくて、夢にチャレンジしていることにしたいだけなのかもしれない」と繰り返し自問自答していました。

そのように思っているときに、第1回絵本テキスト大賞で、初めて最終選考に残ったのです。長野ヒデ子先生直筆で、ご講評の葉書きが届き、「これからも続けて良いんだ」と、大変勇気づけられました。それでも、絵本の応募では一次通過ぐらいで、落選の日々が繰り返されました。

一番下の子どもが高校三年生になると、妻・母親ではなく、自分の人生をどうしていきたいのか考えてみることにしました。

そのとき、今までとは違い、発想を転換してみました。

それは、「どのようにしたら叶えられるのか」ではなく、現時点からあきらめた人生を過ごすとしたら、最期を迎えたとき、「幸せな人生だった」と思えるのかと考えてみたのです。

想像してみてすぐに、答えが分かりました。絶対に後悔すると思いました。

「どうして、これから30年、40年以上の時間があるのに、なぜチャレンジしようとしなかったの？」

と未来の自分が言っているような気がしたのです。

たとえ他のことは叶えられなくても、全然構いません。ただ「伝えたい言葉を本の形で届けたい」と今生きている人生で、このことだけは実現したいと強く思いました。

音楽で届けたい方は、伝えたい言葉を詞に込めて届けると思います。楽器を奏でられたら曲を演奏して届けるでしょう。映像であれば、映画やドラマかもしれません。

届け方が色々ある中で、私は本の形で届けたいのです。

それは、本に書かれている言葉に、何度も救われて、何度も勇気づけてもらったからです。今度は自分が届けられるように、今まで足りなかった、覚悟を決めて本気で挑むことにしました。

車の運転時や包丁を使っているとき以外は、常に応募作品のことを考えていました。「全力で打ち込む」とは、こういうことなのだと、いまさらながら気付くほどでした。

このときの私は、連日の睡眠不足の中で、繰り返し「この作品だけは応募したい」と言っていたそうです。

「そうだったの？」と驚くほど、無我夢中でした。

必死に取り組んでいる最中で、応募の締切が2週間ぐらいに迫ったとき、ストーリー作りが止まってしまったことがありました。

「今からもう、ゼロから書き始めると間に合わない」と、焦っていたとき、なぜかふと思い立って、ほとんど開けない引き出しの中を整理し始めると、書きかけの原稿がありました。

「子どもたちがまだ出合っていないお話かもしれない？」

そう思い、その作品の続きを書くことにしました。それが後に、第4回絵本出版賞ストーリー部門最優秀賞を受賞することになる『大みそかに、じかんがじゃんけん大会？』（みらいパブリッシング）です。

今でもハッキリ覚えているのは、締切当日です。

誤字脱字を確認したら、午前中には発送するつもりが、確認すればするほど、「このままだったら、また落選しちゃう。まだ時間はある」と、なんと大幅に修正し始めたのです。

何回も時計を見ながら、あと1時間しかないのではなく、1時間もあると言い聞かせながら、ものすごい集中力で、推敲を重ねてなんとか完成させると、郵便局の窓口が閉まる間際に滑り込むようにして応募しました。身なりなど気にする時間がもったいないぐらいに打ち込みました。

そして、ついに2020年1月14日結果通知が届きました。

事前に受賞の連絡がなかったので、「あんなに頑張ったのに駄目だったんだ」と思いながら、応募した部門を見ると、「静岡県　北島多江子」と書いてあるのです。

一瞬、自分のことかと思ったのですが、落選に慣れていたので、きっと同姓同名の方だと思い、「北島多江子さん、おめでとうございます」と心からお祝いをしました。

その次に、「絵本のストーリー部門」の受賞作品を見ると、「大みそかに、じかんがじゃんけん大会？」と書いてあるのです。「まさか？」と思い、封筒の中の書類を確認すると、「受賞おめでとうございます」の言葉が目に入り、ようやく受賞できたことを認識したのです。その瞬間、主人公のじかんたちが、カチッカチッと出版に向けて夢が叶った先に、時間を進めてくれた音が聞こえたように感じました。

書店様での「絵本の読み聞かせ会」

２０２０年10月22日、23日。初受賞の絵本の発売前日と当日にあたる両日。中日新聞（22日朝刊）と静岡新聞（23日朝刊）の紙面に、受賞までの過程と絵本を掲載していただき、大変感激しました。

書店様にあいさつにうかがい、絵本作家と名乗れたときは、まさに夢を叶えられたことを実感する瞬間でした。

　そして多くの書店様が応援してくださり、貴重な売り場にサイン色紙やＰＯＰと一緒に絵本を並べてくださり、感謝の気持ちでいっぱいです。サイン本も書かせていただきました。

　今まで何回も購入した公募ガイドがある場所から、左側へ一歩進むと児童書コーナーがある書店様で、並んでいる受賞絵本を見たときは、大変感慨深かったです。

　あのとき、挑戦し続けていた自分がいたから、見たかった景色を同じ場所で見ることができたと、胸が熱くなりました。

　受賞絵本を大好きな本屋さんで読み聞かせできたらと願っていたのですが、コロナ禍で発売の年は「絵本の読み聞かせ会」ができませんでした。

　感染対策を行えば、開催できる状況になってきたので、２０２1年10月23日に静岡県浜松市・本の王国ラフレ書店様のご協力のお陰で、発売1周年「絵本の読み聞かせ会」を開催させていただくことができました。当日の様子は、担当書店員様の装飾コンテスト入賞のディスプレイと、絵本作家・のはなはるか先生のご当地イラスト入りのサイン色紙のご紹介、新規オープンのお知らせと共に、中日新聞に掲載されました。

　同店で開催された「絵本の読み聞かせ会」は、連続4回（一回目：中日新聞、二回目：静岡新聞、三回目：浜松ケーブルテレビ「ウィンディ」、四回目：中日新聞・静岡新聞）メ

ディア取材されました
「絵本の読み聞かせ会」は、一回だけでも夢を叶えられて感激していたのですが、「次は、いつにしますか？」とお声掛けいただき、その後も定期的に開催させていただいております。現在は、愛知県豊川市、本の王国豊川店様と両方担当しており、その様子もケーブルテレビ「ＣＣＮｅｔ豊川局」で放送されました。

絵本の主人公の「ぬりえコンテスト」

「絵本の読み聞かせ会」を通して、私は、幼少期から本屋さんを身近に感じられるように取り組んでいます。それと同時に、もう一つ取り組んでいるのが、絵本『大みそかに、じかんがじゃんけん大会？』主人公の「ぬりえコンテスト」です。

「絵本の読み聞かせ会」では、参加者プレゼントとして、ぬりえを用意させていただきました。最初は、シールを作って渡そうと思っていたのですが、コロナ禍の影響で、スーパーのぬりえコンテストの中止のお知らせを見たとき、「子どもたちは、ここまで我慢しなくてはいけないんだ」と、とてもショックに感じました。

そのエピソードを書店様にお伝えしたところ、「書店内で、ぬりえコンテストをしましょう」と提案してくださり、実際に開催することができました。

毎回大好評で、「ここをくふうしてみたよ」「なまえをがんばってかいたよ」などお子さんやご家族から、書店員様への話しかけが増えたり、ぬりえの掲示をとても喜んでくださっているとのことです。

夏休みは、商業施設・ラフレ初生のイベントスペースにまで掲示するほど、たくさんの方が参加してくれました。

ちなみに、書店様の壁面はオープン時より、常にぬりえコンテストのぬりえでいっぱいです。

そのうえ、受賞絵本のコーナーを設けてくださっていて、掲載記事とあわせて年中店頭に並べてくださり、感謝の気持ちに堪えません。

私自身も、書店様に恩返しできるよう、「本と出合う架け橋」として、今後も取り組んでいきたいと思います。

第2章　なぜ読み聞かせを学ぶ必要があるのか？

「絵本の読み聞かせ」は、経験の有無に関わらず、絵本を読めば読み聞かせになります。なので特に学ばなくても、子どもたちは、読み聞かせを楽しんで聞いてくれます。

それでも、読み聞かせを学ぶと子どもの反応が変わるだけでなく、想像力や感情が豊かに育まれるのです。

それは、絵本を読んでいる大人にも作用します。

私自身は、絵本の読み聞かせをするたびに、子どもの頃1人で読んでいた自分が喜んでいるように感じて満たされます。

そのように感じられる読み聞かせと、本文を読むだけの読み聞かせでは、どのような違いがあるのか説明します。

読み聞かせを学ぶと、どんな変化があるのか？

最初に、「読み聞かせを学ぶ」ということを、分かりやすい例として、「料理教室」で説明したいと思います。料理は、料理教室に通わなくても、本やレシピサイトを見ながら作れます。しかし、実際に料理教室へ通ったときに、素材の活かし方や味付けで、以前作った同じメニューだと思えないほどおいしくなるのです。

絵本の読み聞かせを学ぶことも同様で、「絵本の読み方」「絵本の選び方」が変わることで、子どもたちが、絵本の話に深く入り込んで、夢中になる読み聞かせになります。

保育士さんの現状

子どもへの読み聞かせは、ご家庭、サークル、幼稚園、保育園、小学校などで行われていると思いますが、それらの場所で読み聞かせをされている方にうかがうと、「自己流なので、今のやり方で良いのか、迷いながら読み聞かせをしています」「年齢に合った絵本の選び方が分からない」と判断の仕方のご質問が、大変多いです。

なので、読み聞かせ講座では、答えだけでなく、作者の視点を交えた理由をお伝えしています。そうすると、胸のつかえがとれたように、皆さんパッと表情が明るくなります。

その独自の読み聞かせメソッドを、多くの子どもたちと関わっていらっしゃる保育に、ぜひご活用いただきたいと思っていたときに、保育科の大学からご依頼がありました。

初めての保育実習に、読み聞かせを習得してから臨めるように、保育学生１００名以上へ、３クラス連続の３時限で読み聞かせの講義を行わせていただきました。

読み聞かせのスキルを高められる講義を準備していたところ、保育科では、読み聞かせに関する授業がほぼ無いとのことで、「絵本の持ち方」の基本から伝えさせていただきました。

講義のご感想では、

「実際に読んでいただいて、とても参考になりました。声色を変えるだけで、全然内容が違って聞こえて不思議でした」

「子どもたちに、どのように読めば良いか分からなかったけれど、感情の込め方や、強弱のつけ方を知ることができました」

「私は、子どもに読み聞かせをするのが好きです。しかし本の持ち方や読み方をこんなにしっかり教えてもらったのは初めてだったので、とてもためになる講義でした」

「実習にむけて、絵本の読み聞かせ方は、どうしたらいいのか不安があったので、すごく参考になりました」

「子どもたちの年齢に合った本を選ぶ際、サイズや絵の大きさなどを気に掛けて探すようになった」

「似たような言葉を繰り返す絵本を読む際、どう読んだらいいか分からなかったけれど、講義を受けて先生が手本を見せてくれたため、自主実習で役立ちました」

さらに、保育実習で読み聞かせをされた保育学生さんの中には、「意識して絵本を読めるようになった。見る方も見やすいと褒められました」という方もいました。

保育の現場では、毎日読み聞かせの時間があると思います。絵本のお話を聞く時間から、子どもの想像力や感情豊かに成長させる効用を、保育に活かしてほしいです。

そして、保育学生さんへの読み聞かせの授業の必要性を働きかけていきたいと思っております。

○保育学生向けカリキュラム

ここでは、当日どのような講義をしたのか、簡単にカリキュラムを紹介します。

・絵本の持ち方
・ページのめくり方
・絵本の読み方
・絵本の選び方（赤ちゃん～年長まで）
・言葉の掛け方

・行動の理由

基本の動作である「絵本の持ち方」から、90分間「読み聞かせの講義」を行いました。
90分間「読み聞かせの講義」でのカリキュラムです。

「ページのめくり方」、「絵本の読み方」、「言葉の掛け方」については、本作の第3章で説明しています。

また「絵本の選び方（赤ちゃん～年長まで）」は、第5章で説明しています。

そのため、ここでは、「絵本の持ち方」「行動の理由」について解説します。

・絵本の持ち方

絵本を持っている側の脇を締めます。ひじが三脚のような役割になりますので、ひじを起点にするように、絵本を持ってページをめくります。

絵本の多くが、「左開き」で、横書きなので、左手で持つと読みやすいです。

「右開き」は縦書きなので、持つ手を反対にすると思われるかもしれませんが、私は、左手で持っています。利き手とかではなく、文字を目で追いやすいかを判断ポイントにしていただけると、絵本を持つ手をどちらにするのか決められると思います。

・行動の理由

読み聞かせでは、「読み聞かせの途中で立ってしまう子どもがいます」「よそ見をする子どもがいるときは、注意した方が良いでしょうか？」と、ご質問があります。

どちらも、「上手に読めなかったから？」「絵本の選び方が合っていなかったのかな？」など原因を、読み方・選び方が間違っていたのかもしれないと思われることが多いです。

途中で立ってしまったり、よそ見をしている場合は、途中から絵本がよく見えなくて、お話が分からなくなってしまっただけかもしれません。

注意した方が良いのか、判断に迷うときは、他の子どもに影響がなければ、少し様子を見てみましょう。

お話が盛り上がる場面で、注意すると、他の子どもたちが、「えっ？　どうしたの？」と、現実に戻ってしまう場合があります。

なので、お話を旅しているときに、途中下車をして、予定外の景色を楽しんでいたのかもしれないと思えると、少し様子を見守れるのではないかと思います。

それから、成長の個人差で、みんなから少し離れて聞く方が落ち着く場合もあります。

そのようなとき、絵本に背を向けているから聞いていないというわけではなく、耳でお話を楽しんでいると思います。

なので、最後まで座って聞くことを無理強いすることがないように、お願いしたいです。リラックスした体勢で楽しんでもらえたらと思います。

保育の先生が読み聞かせを学ぶメリット

保育では、毎日読み聞かせの時間があるようです。しかし、学ぶ機会はいかがでしょうか？

日々の読み聞かせは、「なわ跳びがとべるようになった」、「水に顔をつけられるようになった」などのように、目に見えて成果が分かることではないかもしれません。

しかし、今日読み聞かせをした5～10分ほどの時間が、子どもたちの成長に関わっているとしたら、どのように保育で読み聞かせをされますか？

読み聞かせの知識があることで、子どもたちの成長とズレが生じることなく、適切な絵本の選び方・読み方ができるようになるでしょう。

「とりあえず面白そうな絵本を選べば大丈夫だと思う」という気持ちで読み聞かせをする

と、ゼロではありませんが、子どもたちの成長につながるまでに、少し時間がかかりそうです。

ちなみに、絵本を選ぶ理由は、お話が一番楽しめる年齢に読み聞かせをするためです。

そして、想像する楽しさがふくらむ読み方で、繰り返されるセリフを覚えたりして、お話の世界にいつしか夢中になっているのではないでしょうか？

子どもの心の成長を育めるように、本書をお役立ていただけると幸いです。

①大勢の子どもたちの興味が高まる

絵本が、どんなに面白い話でも、読み方で子どもたちの関心は変わります。

作品の力があっても、読むことが作業になっていると興味を持たないでしょう。

作業になる読み方というのは、ただ本文を読み上げるだけで、子どもたちは、ただお話を聞くだけの読み聞かせになるのです。

お話の内容は分かっても、お話の中に入り込んで、登場人物と一緒に冒険しているような気持ちにはならないでしょう。

その一方で、読み手である先生が、絵本の場面をイメージしながら読むことで、お話が子どもたちに届き、一緒にお話の世界を旅することができます。

旅しているときの子どもたちの感情は、わくわくしていることでしょう。

そして、「もう一回読んで」「もう一冊読んで」の声が掛かり、話を聞き逃さないように、静かに聞く姿勢に、ごく自然になるでしょう。

②学ぶことで、より保育に活かせる

自己流でも、絵本の読み聞かせはできますし、子どもたちは楽しんでくれます。

それでも、新作など、まだ読んだことがない絵本を選ぶときに、判断のポイントが確立していないと、「○歳に良いと思うけれど、×歳の方が合っているのかな?」のように、いつも迷いながら選んだり、読んだりすることになります。

どの絵本も、共通の判断ポイントである、「絵本の読み聞かせの方程式」を習得されると、絵本の読み方や選び方に迷うことが無くなります。

認定講座を受講してくださった保育士さんは、ご自身は分かっていても、保護者様からのご質問に、どのように説明すれば良いのかと思っていたそうです。

読み聞かせの学びを深められても、なぜそう言えるのか、抽象的な表現での説明が多いかもしれません。

当メソッドは、朗読家による読み方・絵本作家による選び方、そして作者の視点で、絵本の仕組みが表現している内容を、具体的で分かりやすくお伝えしているので、「これからは、分かりやすく伝えられます」と、とても自信を持ってくださいました。

③子どもたちともっとコミュニケーションをとれる

子どもは、とっても正直で、つまらないと思えば、よそ見をします。

面白いと思えば、前のめりになります。

そのとき、読み聞かせに対する反応だけでなく、「興味や関心が、どのような物にあるのか」「つまんないと思っているのか、お腹などが痛いのか」など、表情やしぐさ、途中で立ってしまうなど、行動の理由を知ることで、保育に活かせますし、一冊の絵本を、クラスみんなで楽しめるのが、「読み聞かせ」です。

しかし、子どもたちの反応や様子をしっかり見ようとして、ページをめくるたびに子どもたちの方へ顔を向けてしまうことがないようにしましょう。

先生の方に意識が向いていて、お話の世界が途切れながら進むことになりかねません。

目安としては、3、4ページ毎ぐらいです。

お話が盛り上がるページをめくるときは、子どもたちの方を見ながら、「どうなるのかな～？」と一緒にわくわくしてほしいです。

このように、子どもたちの様子を気に掛けながら、読み聞かせができるようになるには、事前に読む練習をしたり、読み聞かせについて学んでいることが大事です。

自身の読み聞かせに自信が持てたり、あらかじめ行動の理由を知っていれば絵本の読み聞かせを通して、より深くコミュニケーションをとることができます。

読み聞かせを学ぶことで〝読み手自身〟も変われる

「読み聞かせ」を辞書で引いてみると、「読んで聞かせる」と意味が書かれているので、聞き手だけに効果があるように思われますが、読み手であるご自身にも作用しています。

それは、読み聞かせを届けているご自身の声を聞くことで、自分にも絵本のお話が届けられているからです。

そして、心地良く感じられるのは、「絵本のリズム」を感じられるからではないでしょうか？

例えば、

「おじいさんが、山へしばかりに行ってくるよ」とおばあさんに言いました。

というパターンが多いですが、「○○が、○○を○○した」の繰り返しに、絵本のリズムを感じ、心地良さを感じるのだと思います。

それでも「読む」ことが苦手だったり、読み聞かせに義務感を感じてしまう方も少なくないかもしれません。

そのように感じられるときは、「読む」のではなく、「見る」ことを楽しんでほしいです。絵本ならではの楽しみ方です。

どの絵本を選べば良いのか分からないとき、お話の内容で検討されると思うのですが、まず最初のステップとして、登場人物で選んでみませんか？

私の場合、身近な物が擬人化された絵本を選ぶことが多いです。例えば、歯ブラシ・食べ物などが主人公になっている絵本です。人間のようにおしゃべりしている場面は、絵本ならではですよね。

あなたは、どのような主人公のお話だと、表紙をめくってみたくなりますか？

わくわく楽しみに感じられる絵本との出合いが、一冊ずつ増えていければと思います。

読書は1人、読み聞かせは2人以上

読み聞かせの楽しさは、なんといっても、絵本のお話を同時進行で複数人で楽しめることです。

例えば、ファッション誌を、「このバッグ素敵だよね」と一緒に見ることがあっても、ページに書かれている文章をどちらかが読んで楽しむことはしないですよね。

しかも絵本の場合は、誰かが読むことで、絵本の話を同時進行で楽しめるのです。それは、大学の講義のように「教える側」「教わる側」と分かれるのではなく、読み手も聞き手も一つのお話を一緒に楽しめる。それが読み聞かせなのです。

その際、大切にしていただきたいポイントがあります。

それは、「お話の二人三脚」を意識しながら、読むスピードの歩調を合わせることです。

お話の速さは、読み手に委ねられています。お話の内容に合わせたり、聞き手の年齢に配慮したりして、絵本の話を同時に楽しめるように気遣っていただけたらと思います。

私自身の幼少期は1人で読書を楽しんでいましたが、子どもが生まれたのを機に、本格的に読み聞かせを始め、みんなでお話を楽しめる読み聞かせの魅力に、今まで以上に夢中になりました。それでも、子どもがまだ赤ちゃんのときは、どのような言葉で話しかけて良いのか戸惑っていたので、絵本の読み聞かせをしてみると、とても喜んでくれて、自然とコミュニケーションがとれるようになりました。

お話を読む速さは、そのときの表情や反応を見ながら、一歩ずつ歩調を合わせました。

そして、そのお話の歩調の一歩は、一ページずつめくることになります。お話のゴールである「おしまい」まで、二人三脚で進めてくださいね。

同じ絵本でも年齢によってとらえ方は変わってくる

絵本は、同じ話でも、その時々で伝わり方が変わります。

今日の読み聞かせ、少し経ってからの読み聞かせ、大人になってから読んだときなど、同じ登場人物のセリフでも受け取り方は変わってきます。

そのことを実感したのは、『おおきな木』（著：シェル・シルヴァスタイン　訳：村上春樹、あすなろ書房）です。

本作は、主人公である男の子の成長を1本の木が見守り続ける話なのですが、私は以前、主人公があまりにも身勝手だと思っていました。木はどうして文句を言わないのだろうと。

しかし、子育て中のある日、テレビで紹介されていて、改めて読んでみると、感想が真逆になったのです。

男の子ではなく、大きな木に気持ちが重なるようになりました。

何も文句を言えなかったわけではなく、「無償の愛」だったのだと深く感動しました。

日々、子どもが元気でいてくれるだけで十分と願っている気持ちと重なったのです。

似たような経験をお持ちの方もいるかもしれません。絵本でなくても、先生の言葉、歌詞や詩、自然や風景の美しさなど、昔は何とも思わなかったものが、あるとき突然、自分にとってかけがえのないものになったり、心をとらえて離さなくなったりした経験のある方もいると思います。

読み聞かせも同じです。

もしかしたら今は、「これで良いのかな？」「この学年では、ちょっとお話が長かったかもしれない」などと悩むこともあるでしょう。

でも、その絵本の魅力に子どもは大人になってから気付くかもしれません。私と同じように、自分が読み聞かせをする番になって、「自分のお母さん、お父さん（または先生）もこうやって忙しい合間をぬって、私たちに読み聞かせをしてくれたんだな」などと両親や先生の愛情の大きさに気付くかもしれません。

同じお話でも、感じ方・伝わり方は十人十色。同一人物でも変化します。

絵本『おおきな木』から、そのことを教えてもらいました。

読み聞かせは失敗しても大丈夫

読み聞かせでは、「上手に読めません」という、お悩みをうかがうことがよくあります。ご家庭では、お子さんへ読み聞かせをされている方でも、人前での読み聞かせは、「とても読めません」とおっしゃいます。

そのことは、小学校などでの読み聞かせボランティアをされている方の共通の課題になっているようです。

読み聞かせボランティア仲間を増やしたくても、皆さんそろって「上手に読めないから」と断られてしまうそうです。

絵本を読むのは好きでも、人前での読み聞かせは苦手だと思う心理になるのは、どうしてだと思いますか？

「上手に読めているのか、子どもたちにジャッジされそうで、怖くて読めない」と、おっしゃる方が多いです。

特にその傾向が強いのは、高学年の担当を決めるときです。

低学年、中学年までは、ちょっと読み間違えたり、たとえ上手に読めなくても、指摘されることはなく、夢中になって楽しんでくれる安心感から、次々立候補で決まります。

高学年では、「○○ちゃんのお母さんの方が上手だよね」と言われそうで、皆さん怖くて読めないとおっしゃるのです。

現実は、むしろ逆です。私は高学年を担当することが多いのですが、とっても温かく受け止めてくれます。

冬の乾燥する時期に、指がカサカサしていて、ページをめくるのにもたついても、読み始めるのを待ってくれます。

しかも、一番盛り上がる場面を先に見せてしまったときも、慌てて戻しながら、「ごめんね、見なかったことにしてね」と仕切り直して、再びその場面を見せたときも、初めて見るリアクションをしてくれたのです。

「みんな優しいね〜。本当にありがとうね」と、子どもたちの優しさのお陰で、ピンチを乗り越えられました。

そのように、子どもたちは、「間違えずに読んでほしい」「上手に読んでほしい」などとは思っていなくて、ただ読んでくれることを喜んでくれます。

緊張したり、不安に感じている気持ちを、子どもたちは優しく温かく受け止めてくれるので、ぜひ読み聞かせをしていただきたいなと思います。

本と出合う架け橋になりたい

文・絵・読むことをすべて行える絵本作家・朗読家として、「本と出合う架け橋」になれるように取り組んでおります。

これは書店様での初めての「絵本の読み聞かせ会」の取材で、「どうして、この活動をされていらっしゃるのですか？」と聞かれたとき、頭の中では何て答えれば良いのだろう？と思考を巡らせていたら、思わず口から出た言葉なのです。

「本と出合う架け橋になりたい」

から絵本の読み聞かせで、まだ出合っていないお話を届けたり、読み聞かせ講座ではより楽しめる方法をお伝えしています。

さらに、独自の読み聞かせメソッドを伝え広められるように、読み聞かせの認定講師の養成もしております。また強く思っているのは、「架け橋」を架けるスピードを速めないといけない、ということです。

私は、「紙の本」は、絶対に無くならないと思っています。

しかし、これから数年先で、電子書籍の割合が増えていき、ネット書店での購入も増え

れば、書店で本を購入することが、ますます減少していくのではと、危機感を感じていま
す。

私は、書店で本と出合うことは、「文化」であり、心のライフラインとして欠かせないと思っています。偶然の本との出合いが、人生を豊かにしてくれるのです。

どん底のときに、答えを求めて本屋さんに行き、何度も本の言葉に励まされました。

私の人生を支えてくれ、土台を作ってくれた本屋さんで、まだ新しいお話に出合っていない方と、「あなただけの一冊」をつなげられる架け橋でありたいと思っています。

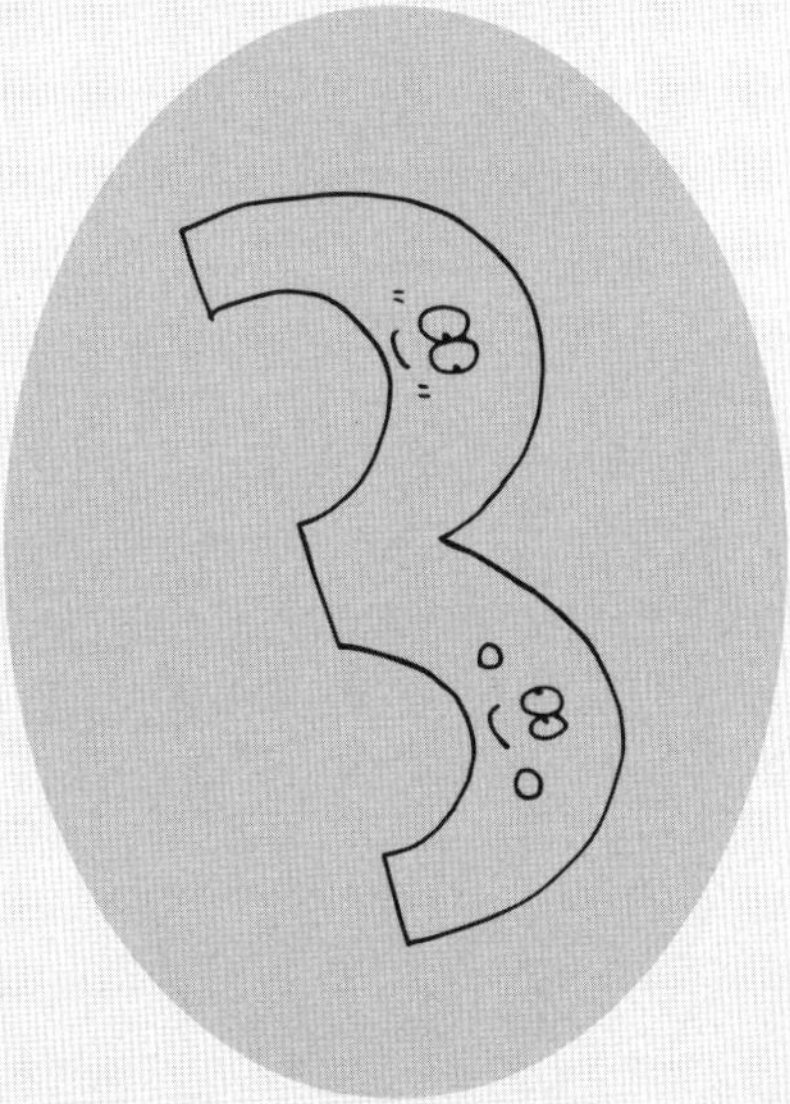

第3章　読み聞かせのメソッド

当メソッド最大の特徴は、絵本作家の「描く視点」と、朗読家の「読む視点」から生まれたことです。他では説明しきれていない独自の内容を、具体的で分かりやすく説明します。

I　絵本の仕組みの役割と意味は、家に例えると分かりやすい

通常、絵本の仕組みは、名称と意味について説明されると思いますが、当メソッドでは「絵本の表現となる役割」を、イメージしやすいように「家」に例えています。

本屋さんで並んでいる絵本は、住宅街だと想像しながら、それぞれの役割を読み進めてみてください。

表紙＝家に例えると、玄関

表紙は、絵本の存在を示す役割があります。

それは、「〇〇〇」というお話が、この絵本の中にあるという意

味です。まるで、お家の中に、××さんの家族が住んでいるというように、絵本を家に例えています。

さらに絵本は、表紙をめくることで、お話の世界に入っていきます。その入り口である表紙を玄関に例えることで、現実とお話の世界の境目を表すのです。

見返し＝家に例えると、廊下

見返しは、表紙と扉の間の部分です。

何気なくめくってしまいがちですが、「お話の導入部分」になる大切な役割があります。

無地や絵が描かれているなど、様々な見返しがあります。その見返しは、表紙の玄関から扉までの「廊下」になります。

見返しは、ただ移動するためだけの「廊下」ではありません。

「どんなお話が始まるのかな？」と、わくわくして待っている間になります。例えば、遊園地のアトラクションで、入場してから列に並ば

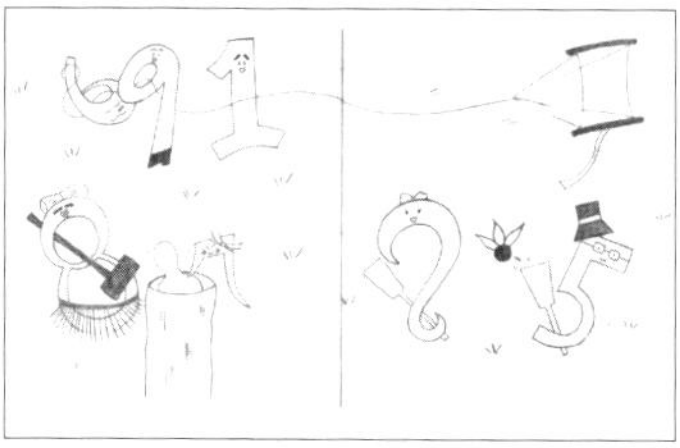

なくてはいけなくても、順番待ちをしている間に、わくわくする楽しみが増していくように、乗る前からその世界観に浸れるのが「見返し」です。

その一方で、「裏見返し」は、半分お話の世界、半分現実になります。アトラクションから降りる場所に到着する直前の「終わると分かっていても、終わってほしくない」気持ちに似ているのが裏見返しです。

見返しにイラストが描かれている作品も多数あり、徐々にお話の世界に入っていけるように、セリフはないですが絵本の一場面のような役割があります。「お話のどの部分が描かれているのか」見返しを見比べてみてください。裏見返しでは、登場人物の紹介が描かれていたり、クイズになっていたりして、読み終わったならではの楽しみ方ができるものもありますよ。

扉＝家に例えると、リビングに入るドア

二回目にタイトルを読む部分が「扉」です。扉には、リビングに入るためのドアの役割があります。では、なぜ繰り返しタイトルを読むと思いますか？

ちょっと確認していただきたいのですが、外出先から帰ってきたとき、「家に着いた」と「家に帰ってきた」と思うのは、玄関とリビングのどちらでしょうか？

おそらく、「家に着いた」と思うのは、玄関ではないでしょうか？

車でしたら、家の駐車場に着いたときや、家の敷地に入って、玄関を開けるときに「家に着いた」と思われるのではないでしょうか？

その一方で、リビングに荷物を置いたりするときに、「家に帰ってきた」と思うのではないでしょうか？

一回目のタイトルを読む前は、まだ子どもたちは玄関の外にいて、「このお話はどんなストーリーなのだろう」とドキドキしています。タイトルを読むことで、玄関のドアを開けて家の中に入り、廊下である見返しから、ドアをノックするように、扉にある二回目のタイトルを読み、いよいよリビングに入るのです。リビングでくつろぐように、子どもたちは夢中になって、より深くお話の世界に入っていけます。

玄関を開けて、すぐリビングではないように、扉を開けてから、いよいよお話の世界の旅が始まるのです。

裏表紙＝家に例えると、家の裏側

裏表紙は、お話の世界と現実の境目の役割があります。なので、裏表紙を閉じることで、まるで夢から覚めたように、現実の世界に戻ります。

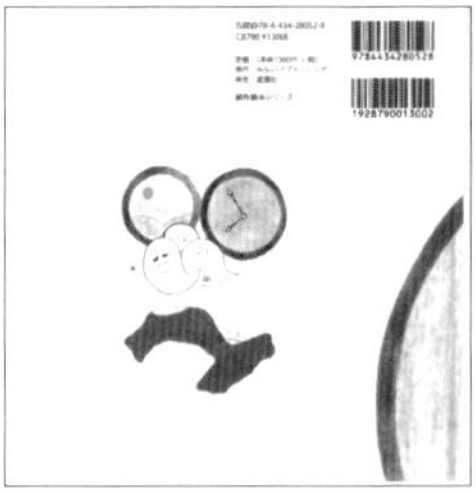

背表紙＝家に例えると、表札

絵本が、「棚差し」といって、背表紙だけが見えるように並べられているとき、絵本の存在を示すことができるのは背表紙だけです。本屋さんという住宅街で、訪問する家を探すように、背表紙という表札があることで、私たちは大事な一冊にめぐり会えるのです。

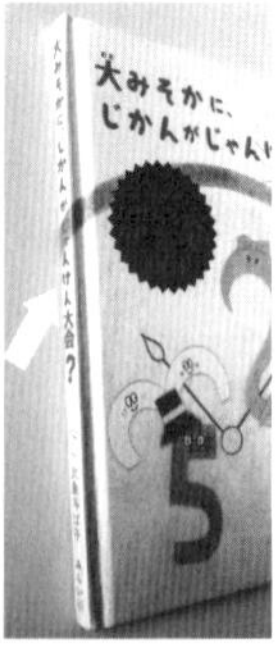

絵本のサイズが色々ある理由

本屋さんのコーナーで、絵本は、色々なサイズで並んでいます。

文庫本や小説のハードカバー、雑誌などはほとんど同じサイズではないでしょうか？

家の本棚に並べているときも、横長の絵本は手前に出ますし、小さいサイズの絵本は、間に挟まれて埋もれてしまいます。

受講生様も、「どうしてなのかな～？」と思うことはあっても、明確な答えが分からず、そのまま並べていますとおっしゃっていました。

その答えは、「その形とサイズでなければ、お話を表現できない」からです。

例えば、『大みそかに、じかんがじゃんけん大会？』は、最初は長方形でした。

しかし、数字を覚え始めた子どもが手にしたとき、タイトルを少し見上げることになるので、目線の下にタイトルがくるようにしました。

時計の丸い文字盤、『パステル和（ＮＡＧＯＭＩ）アート』講座で描く、15ｃｍ角の作品を含めて、長方形→正方形へ変更したのです。

その他、あるコップの絵本では、大きなサイズになると、ゾウさんのコップになって、登場人物が変わってしまいます。

これらのように、お話が表現されているのは、本文だけではないんです。

絵本全体で表現されています。ぜひ見比べてみてください。

Ⅱ　基本的な絵本の読み聞かせの方法

ここでは、基本的な絵本の読み聞かせの仕方についてお伝えします。

読み聞かせをするときに意識したいこと

まず「上手に読めない」というお悩みを含めて、読み聞かせの悩みが生じるのは、**「読み手」に意識が向けられているからです。**

その意識を「聞き手」に向けると、どうなると思いますか？

「上手に読めない」→「どのように読んだら、わくわくするかな？」等、どのようにお話が伝わるのかを考えているときは、ご自身の読み方の完璧さよりも、お話を届けることを大切にしたいと思うのではないでしょうか？

そして、最も大切にしていただきたいのは、**「声のぬくもり」**を届けることです。

私が今でも子どもたちが卒業した学校で、読み聞かせボランティアを続けている理由でもあります。

随分前になりますが、あるクラスを担当していたとき、椅子《いす》に座って読もうとすると、最前列の児童の膝が、私の膝とくっつくほど、前に並んで読み聞かせを楽しんでくれていたことがありました。

「絵本が好きなのかな？」「お話が面白かったのかな？」というぐらいにしか思っていませんでした。ただ、詳しくは分かりませんが、家庭の事情などがあるようで、読み聞かせの時間を、とっても楽しみにしてくれていることをあとで聞きました。

今、このエピソードを書いていても、思わず涙ぐんでしまうほど。読み聞かせを続けている理由は、**「声のぬくもりを届けたい」**からなのです。

これから様々な読み聞かせのメソッドをお伝えしますが、まず大事にしてほしいことは**「聞き手」を意識すること**です。その基本さえできていれば、間の取り方や抑揚のつけ方がうまくできなかったり、たとえ読み間違えてしまったりしても、全然大丈夫です。

意識を常に「聞き手」に向けていただき、あなたの声のぬくもりで、絵本のお話をたくさん届けてほしいです。

「〝読む〟読み聞かせ」と「〝伝わる〟読み聞かせ」の違いについて

絵本の読み聞かせは、読み方一つで、場面の臨場感が増したり、登場人物へ感情移入できたりするなど、伝わり方が大きく変わります。

なので、本文をそのまま読むだけでは、お話を届けているつもりでも、情報だけを伝えていることになりかねません。

それはまるで、箱にリボンがかけられたままの、プレゼントを渡すかのようです。

例えば、「桃太郎」のような昔話では、桃太郎という桃から生まれた男の子が鬼退治に行くという情報を伝えたいわけではなく、鬼を退治するため立ち向かう勇敢さや、イヌ、キジ、サルといった仲間と一緒に協力する場面では、まるで自分もその場にいるように感じられるように、読み聞かせを通して体感してほしいのです。

そのお話の届け方は、聞き手がリボンをほどいて、お話を取り出すのです。

それが、「伝わる読み聞かせ」です。では、どのような読み方なのでしょうか？

次の段階で説明していきます。

○ 場面がイメージできる読み方

まず最初に、読み手が場面をイメージすることが大切です。そのイメージした場面が、聞き手に届けられて、同じ場面を共有できるのです。

そもそも、このイメージが難しいと思われたかもしれませんので、「ケーキ屋さん」で例えてみますね。

Aさんが、近所にオープンしたケーキ屋さんのケーキが、とってもおいしくて、どのような味だったのかを、Bさんに教えてあげる場面があるとします。

そのとき、Aさんが、例えば

「この間オープンしたケーキ屋さんで、家族の誕生日祝いのケーキを買ったんだけど、いちごタルトの、いちごが大きくておいしかったなぁ」

など自分がおいしいと感じた感想だけをBさんに伝えたら、「おいしいケーキ屋さんの情報」として伝わるのです。人によっては、Aさんには好みの味かもしれないけれど、自分（Bさん）は食べてみないと分からないと思ってしまうかもしれません。

でも、Aさんが

「この間オープンしたケーキ屋さんで、家族の誕生日祝いにいちごタルトを買ったんだけど、いつも売り切れちゃう白いいちごのタルトが買えたの。Bさん、前に白いいちごのケーキを食べてみたいって言っていたでしょ？　赤いちごに比べて、甘酸っぱさがなくて食べやすいから、タルトで良ければ、オープンしたケーキ屋さんはおすすめよ」と話したらどうでしょうか。Aさんが食べたときのおいしさを、Bさんに味わわせてあげたいと思いながら伝えているからこそ、同じケーキ屋さんのことでも、Bさんは自分事のように感じられるのです。

この違いが、ただ「読む読み聞かせ」と「伝わる読み聞かせ」の違いなのです。

○ 登場人物の個性が伝わる読み方

また、「登場人物の個性を表現する」ことも〝伝わる〟読み聞かせでは重要です。読み聞かせで、「個性を表現する」とは、聞き慣れないかもしれません。まさに朗読家の視点ならではのメソッドになります。

お父さんもお母さんもおじいちゃんもお姉さんも、みんな同じ読み方でしたら、聞き手は絵があるとはいえ、「今のセリフは誰が言ったのだろう」と混乱しかねません。

また読み方を変えると、他の登場人物との関係性も変わります。

例えば、クラス委員をしている、しっかり者の女の子がいたとします。その女の子を甘えん坊な子として読むと、妹のように守ってあげたくなります。

同じ文章を読むにしても、読み方を少し変えるだけで、登場人物の個性や他の登場人物との関係性が変わるので、お話の内容の伝わり方が変わるのです。

次の内容を参考に、読み比べしてみてください。

◇動作編
大きさ・重さ：ゆったり伸ばしながら読むと、大きさや重さを表現できます。

例えば「大きなゾウが、ドスンドスンと歩いています」という文章を、一文字ずつ伸ばしながら読むことで、ゾウが大きくて、ずっしりと重い様子が伝わります。

歩く速さもゆっくり歩いているのを表現できます。

速さ：間を詰めて読むと急いでいる様子や慌てている様子を表現できます。

例えば「とことことこ」の読む速さで、歩く速さを表現できます。登場人物の動きに合わせて、間を詰めて読んでみましょう。

◇人柄編
穏やかな人柄：ゆったり読むことで、穏やかな人柄、のんびり屋さんが表現できます。

「となりのおじいちゃんは、イヌの散歩でゆっくり歩いています」の場合、「ゆっくり」と書かれている部分をゆったり読むことで、おじいちゃんがゆっくり歩いていて、穏やかな人柄が伝わります。

頼もしい人柄：お腹から声を出すことで、力強くて頼もしい人柄を表現できます。

「よしっ！　お父さんにまかせなさい」と、太くて低めの声で言うことで、力強くて頼もしい人柄を表現できます。

表紙と扉のタイトルの読み方の違い

絵本の読み聞かせでは、本文の読み方に意識が向けられますが、表紙と扉のタイトルの読み方には違いがあります。

○ 表紙のタイトルの読み方

お話の内容に合わせます。冒険のお話の場合は、明るく元気よくタイトルを読みます。『わんぱくだんのたからじま』（作：ゆきのゆみこ・上野与志　絵：末崎茂樹、ひさかたチャイルド）を読むときは、タイトルの語尾を上げることによって、たからじまに向かって出発する様子を表現できます。

ほかにも、『もこ　もこもこ』（作：谷川俊太郎　絵：元永定正、文研出版）の場合は、声の大きさが段々大きくなるように読んであげると、形がふくらんでいく様子が伝わっていくでしょう。

『じごくのそうべえ』（著：たじまゆきひこ、童心社）の場合は逆で、語尾を下げます。「べえ」を普通の読み方よりも、意識して低めにします。そうすることで、じごくが下の深い方にあるのが伝わります。

本の内容や作者の伝えたいことに合わせて、ぜひ読み方も変えてみてください。

○扉のタイトルの読み方

一ページ目・一行目の声のトーンに合わせて、扉のタイトルを読みます。

この読み方の違いですが、もう少し詳しく説明しますね。

例えば、冒険のお話のタイトルを元気よく読んだとしても、一ページ目の一行目が、「まだ誰も来ない公園で、りょうくんは、待ち続けています」となった場合、扉のタイトルを読んだときの明るさから、一気にお話のトーンが下がるので、「おっとっと」と、なりかねないのです。

たとえ表紙のタイトルは元気よく読んだとしても、扉のタイトルは少し静かめにして、「まだ誰も来ない公園」の雰囲気を出していきたいですね。

それぞれの役割に沿って、タイトルを読み、徐々にお話の世界に誘っていきましょう。

声色について

「声色」について、変えて良いのか・良くないのか、ご質問がとても多いです。

そもそも、声色を変えて読むことで、どの登場人物が言ったセリフなのかが分かるのですが、声色は「登場人物の個性を表現する」うえでも重要です。ぜひ意識していきましょう。

○声色の変え方・変える意味

まず声色はどのようにして変えるのでしょうか。絵本の中には色々な登場人物が出てきます。男の子、女の子、お父さん、お母さん、おじいちゃん、おばあちゃん、などだけではありません。絵本の中では、動物はもちろん、乗り物、家具、文房具などありとあらゆるものがしゃべります。同じネズミのキャラクターが出てくる作品でも、あわてんぼうなのか、恥ずかしがり屋か、わんぱくなのかなどでも声の出し方は変わっていきます。それぞれ、どのようにして声色を使っていくのか、みていきましょう。

◇人物編

男の子：基本的には、元気いっぱい。子どもらしく、わんぱくさが伝わるよう、大きな声ではきはきと読みましょう。

女の子：男の子に比べて、少し高めの声で。ゆったり読むことで、優しさが伝わります。

お父さん：男の子よりも、ゆっくりとした話し方で。力強さが伝わるように、お腹から響く声を出す感じ。

お母さん：落ち着いた声で、ふんわり包むように愛情深さが伝わるように。

おじいちゃん：ゆっくりと、セリフや間をしっかりとることで、どの年代なのか表現することができます。そして、言葉に深みが出てきます。

おばあちゃん：この中で、一番ゆっくり話します。話すテンポを変えることで、性格を表現できます。おっとりしているのか、活動的なのか変わります。

動物等：基本、すべて人間と同じです。ただし、動物の場合も、リスなど小さくすばしっこい動物はハキハキとした話し方、ゾウのように大きくゆっくりと動作する動物はスローテンポで話すなど、各動物・道具等の特徴をとらえた話し方をする必要があります。

◇性格編

あわてんぼう：せかせかとしている印象を出すため、セリフをかぶせ気味にすると、慌てているイメージが表現できます。

物静か：大きく口を開かず、ささやくような声音で。

恥ずかしがり屋：セリフを左右に振り子のように揺れて話すと、もじもじしている様子や自信がない様子が伝わります。

怒りっぽい：強めの口調で、語気を荒げて。男性は低めの声で、女性は風船が今にも割れそうなイメージで言い切りましょう。

ほかにも、色々ありますが、代表的なものを紹介しました。

このように、声色を変えられるようになれば、例えば、魔女が登場する絵本の場合、ずる賢くていじわるなのか、気弱なのかなど個性や人物像を表現できます。

迷った場合は、読み比べていただき、お話全体の内容に合っている方で、お読みいただければと思います。

○声質を活かす

「声質」は、聞き慣れないかもしれませんが、読み聞かせでは大きなポイントです。たとえ、年齢に合った絵本を選んでも、声質を活かしきれないともったいないです。

分かりやすく説明しますと、カラオケで曲を選ぶときに似ています。人気がある曲や、よく知っている曲でも、自分の声に合っているのか確認しますよね？例えば、大きな声が出せない方は、冒険の話で「やった～！」と声を張れないかもしれません。すると、達成感や躍動感が、やや弱ってしまう可能性があります。

その場合は、昔話の絵本を試してみてください。ゆったり穏やかな雰囲気が、声質に合いますよ。声質は、話の内容だけでなく、話のテンポに合わせるのも良いです。

普段ゆっくり話される方は、文字数が少なめで、場面展開もゆっくり進むのが合っています。その反対に早口になりがちな方は、行数が多くても長く感じません。場面展開が、どんどん進んでいく話や、変身などパッと場面が切り替わる作品がおすすめです。

これらのように、お話の世界観と声質を合わせることで、よりお話の世界を楽しむことができます。

間の取り方について

絵本の読み聞かせで、「間を取る」ことがそんなに重要なのかと思われるかもしれません。説明のみで、絵本のお話の表現に、どのように関わっているのか触れていないことが多いのではないでしょうか？

当メソッドは、本作の著者が絵本作家だからこそ解明できるのです。ここでは、文中での「間の取り方」を説明したいと思います。

○物の大きさの違いを表現

絵本『おおきなかぶ』（作：A．トルストイ　絵：佐藤忠良　訳：内田莉莎子、福音館書店）での有名なセリフに、「うんとこしょ　どっこいしょ」があります。ただ読むだけでは、草を抜くような、小ぶりのかぶに感じると思います。それを、「うんとこしょ」の後でひと呼吸の間を取ることで、「ちょっと大きいかぶが埋まっているぞ」と、伝わり方が変わるのです。

そしてさらに、セリフ自体を伸ばしながら読んでみましょう。「うぅんとこぉしょーどっこぉいしょー」といった感じですね。すると、地中にとっても大きなかぶがあるように感じませんか？

同じ部分でも、間の取り方で「物の大きさ」の違いを表現できるのです。

○状況の変化を伝えられる

また間を取ることで、同じページ内でも、シーンが変わったことを伝えられます。

例えば、『ぼちぼちいこか』（作：マイク・セイラー　絵：ロバート・グロスマン　訳：今江祥智、偕成社）の場合、左のページで、なりたいことに挑戦するのですが、しっかり間を取ることで、右のページで残念な結果になるまで、挑戦した時間が伝わるのです。しかし、その間を取らずに、左ページを読み終えて、すぐ右ページを読み始めると、その挑戦している様子が伝わらず、お話の面白さも半減してしまいます。

このように、間の取り方が1秒違うだけで、同じお話でも伝わり方は大きく変わります。

同様に、子どもたちの反応も変わります。

間を取ることは、お話をふくらませる役割がありますので、場面に合わせて間の取り方を工夫してみてください。

○読者がより引き込まれる

また間の取り方一つで、読者が夢中になり引き込まれるのです。

例えば、「食べ物がいっぱい」というフレーズも「食べ物が　いっぱい」と間を空けることで、よりたくさんの食べ物がある印象になります。同時に、この一瞬の間があることで、聞き手はどんどん深く、お話の世界へと引き込まれていきます。

子どもたちからしてみれば、初めて読む絵本は「まだ知らない世界」。大人からしてみれば、数ページのストーリーでも、子どもたちは心で体感したり、頭の中でイメージしたりして、目まぐるしく世界が広がっていきます。なので、早口でどんどんストーリーが進んでいってしまうと、理解が追いつきません。

子どもたちがお話の世界をより深く楽しむためにも、適切に間を取って、臨場感を感じられるようにしてあげましょう。

保育士さんや読み聞かせボランティアの方などは、人前に出て読み聞かせをした経験が少ないと、緊張して早口になってしまうことがあります。そうならないためにも、間を取ることを意識して、読み聞かせをすることが大事です。

ページのめくり方について

ページをめくる動作にも、実は絵本のお話を表現している要素があります。ただ単に、次の場面を見せるためにめくるのではありません。そもそも、ページはめくる前に「お話をつなげる」役割があるのです。

お話は、本来絵巻のように、長くつながっているのを、物理的に場面に分けています。なので、前の場面と次の場面をつなげて、お話を進行する役割が、「ページをめくる」動作にあるのです。ページをめくることは、現実に戻してしまうのか、続きのお話を楽しめるのか、重要な役割を担っています。

○「時間の経過」を表現する

ページをめくる動作だけで、「時間の経過」を表現できることに、「えっ？　そうなの？」と思われた方もいるでしょう。めくるのが1秒早いのか遅いのかで変わります。

例えば、ある場面で、森の動物たちが大勢で丘で遊んでいるとします。しかし次の場面では、森の丘には、月明かりの下に、リスだけがいたとします。あんなに賑やかだった丘は、昼から夜に変わり、たくさんいた動物たちは、それぞれの家に帰った後の場面になりました。

そのとき、何気なく本文を読んでページをめくると、いきなり夜になりますし、ひとりぼっちになってしまった物悲しさが感じられないのではないでしょうか?

この場合、前の場面の本文を読み終えてから、通常の一呼吸ではなく、二呼吸おいてから、ゆっくりページをめくります。めくりながら、一時間、二時間、または一晩といった時間の経過を表現しましょう。

○「距離の長短」を感じられる

めくる動作は、時間だけでなく「距離の長短」も表現できます。今度は、森の丘にぽつんと一匹いたリスが、ページをめくると花畑にいるウサギに会いに行く場面だとします。ここでポイントなのは、丘にいるリスが、花畑にいるウサギに会いに行く距離が長いのか短いのかをページをめくる動作で表現できる点です。

ゆっくりめくると、距離が遠く感じられますし、パッとめくると、距離が短く感じられて、丘と花畑は目と鼻の先にあるという印象が伝わります。

どちらが正解というわけではありませんが、ページをめくる動作には、お話の伝わり方を左右するほど、大切な役割があるのです。

○驚く場面を効果的にする方法

次のページが、変身したり驚く場面の場合、ただめくるだけでは、驚きが半減しかねません。それは通常、ページをめくってから知ることになるからです。

例えばかいじゅうが、「ガオ～！」と襲いかかろうとする場面では、ページがめくられて、先にかいじゅうが見えてから、「ガオ～！」を聞くので、かいじゅうに驚くよりも、「ガオ～！」の声の方に驚きかねないのです。

このようなときは、ぜひ次の方法を試してみてください。その方法とは、ページをめくりながら、「ガオ～！」とセリフを読んでみましょう。すると、めくり終わると同時にかいじゅうの姿が見えるので、迫力が増すのです。

その他、変身するなど、前の場面と次の場面の展開が切り替わるときは、勢いよくパッとページをめくると、一瞬で切り替わったように感じられて、変身した様子を表現できます。

抑揚のつけ方

「抑揚」というと、難しく感じられるかもしれませんが、日常会話では、ごく自然に抑揚をつけて会話をしていますよね。

しかし読み聞かせでは、「抑揚をつけて読んでも良いのか？　読まない方が良いのか？」一番多いご質問です。どの講座でも必ず聞かれて、回答を求められます。

なので、**「抑揚をつけて読むのは、思いやりです」**と回答しています。

後ろで絵本が見えづらい子も、よく見えている子も、みんなで一緒に楽しめるように、抑揚をつけて読むのは、思いやりなのです。

さらに、抑揚をつけて読んだ方が良い理由として、絵本の文章の書き方にあります。

例えば、「おじいさんは、おばあさんに言いました。山にしばかりに行ってくるよ」という文章であれば、誰が・誰に・どこへ、といった順番になっているので、絵が見えなくても場面を想像することができます。

しかし、次の文章の書き方が多いのです。「山にしばかりに行ってくるよ。と、おじいさんは、おばあさんに言いました」です。

この場合、おじいさんがおばあさんに言ったのは分かるのですが、「あれっ？　どこに行くって言っていたかな？」と、一行前に戻りかねないのです。

さらに抑揚だけでなく、声色も変えて読むことで、おじいさんとおばあさんの会話から、どこに行くのか分かるようになります。

このように、抑揚をつけて読むことには意味がありますが、昔話「雪女」のお話のように、抑揚をつけず淡々と読む方が、雪女の冷たさと怖さが伝わる場合があります。なので、お話の場面に合わせて、抑揚の有無を変えていきましょう。

言葉の掛け方・集団での読み聞かせの大切なポイント

読み聞かせは、表紙のタイトルを読むことで、お話が始まりますが、読み聞かせの時間はその前から始まっていますし、読み終えてからも続いています。

どういうことなのかと不思議に思うかもしれません。

例えば、毎週木曜日の朝8時から読み聞かせが始まるとします。もしかしたら、前日に時間割の準備をしているときに、「明日の読み聞かせは、どんな絵本を読んでくれるのかな？」と楽しみにしていたり、当日読み終えた直後に、「来週は、どんな絵本を読んでくれるのかな？」のように、もう次回の読み聞かせが始まっているのです。その読み聞かせが、より一緒に楽しめるように、言葉の掛け方や集団での読み聞かせについて説明します。

○読み聞かせ前の言葉の掛け方で、聞きたくなる読み聞かせに変わる

読み聞かせ前に掛ける言葉は、「あいさつ以外にあるの？」と思われると思います。教室に入ると、お当番さんの掛け声でクラスのみんなと、「おはようございます。よろしくお願いします」とあいさつをしたら椅子に座ります。読み始める前に、少し絵本の内容に触れてから、絵本のタイトルを読みます。

例えば、「今日は、『森の運動会』の絵本を読みます。どんな運動会かな？」という言葉の掛け方があります。それでは、さらに聞きたくなる読み聞かせに変わるためには、どのように言葉を掛ければ良いのでしょうか。

それは、「子どもたちに呼び掛ける＋絵本の内容」です。ちょっと比べてみてください。「もうすぐ運動会だね。練習は、どうかな？　おばさんの子どもは白組だけど、みんなの紅組も応援するね。さぁ、今日は、森で運動会がある絵本を読みますね」というように、言葉の掛け方で、クラスのみんなに対して読み聞かせをしてくれる人の構図から、読み聞かせの時間を一緒に共有する人の構図になるのです。それが、聞きたくなる読み聞かせに

変わることなのです。

○途中で、掛けても良い言葉の掛け方・良くない言葉の掛け方

読み聞かせの途中で、掛けても良い言葉と良くない言葉の違いは、「現実」がポイントです。現実に戻してしまうような言葉は、良くない言葉の掛け方になります。

例えば、「こっち側のみんなは、絵がちゃんと見える？」など、お話以外の内容は、現実に戻ってしまうので、見えていないと思ったら、言葉を掛けずに、見えるように絵本を向けるなど対処しましょう。その一方で、途中でも掛けても良い言葉は、お話の内容に関する言葉です。

例えば、ページをめくりながら「どうなっちゃうのかな〜？」と、わくわくを高めたり、子どもたちが面白くて笑ったら、「もう本当に面白いよね」など合わせたりするのは、途中でも掛けても良い言葉になります。

◇掛けても良い言葉

◎「面白いよね」「笑っちゃうよね」など感想を共有する言葉

◎「どうなるのかなぁ？」「ハラハラしちゃうよね」など次の展開への期待を高めるよう

な言葉
◎「悲しかったね」「怖かったね」など子どもたちの気持ちに寄り添うような言葉
◇掛けてはいけない言葉
◎「見えてるかな？　もうちょっと前においで」
↓読んでいる途中ではなく、読み始める前に確認しておきましょう。
◎「絶対言わないでね」
↓「このお話知ってるよ」と反応されたときは、「そうなんだ。でも今日は、ないしょにしてもらってもよい？」と協力してもらいましょう。

○「また読んで！」と言われる、読み聞かせの終わりの言葉の掛け方

読み聞かせは、本文を読むことに意識が向けられるので、読み終えるとほっとして、裏表紙を閉じると終わったと思いがちですが、そのときに掛ける言葉で、「また読んで！」に変わるのです。それは、子どもたちの感想の言葉に、共感して共有することです。

例えば、「○○に、びっくりした！」と言った子がいたら、「そうだよね、びっくりしちゃうよね。お話を知っているのに、驚いちゃったよ」のように、一緒にお話を楽しんでいる

ことを体感し、共有しましょう。

それでは、そのような感想の言葉がない場合は、どうすれば良いのでしょうか。暑い時期に実際掛けた言葉ですが、「みんな汗びっしょりだけど、大丈夫？　今日はプール入れる？」と予定が書かれている黒板を、子どもたちと一緒に見ると、「今日はないのか～。すぐ入りたいよね。みんな風邪ひかないように、汗をしっかり拭いてね」「じゃあ、来週も読み聞かせがあるからね」と、今の時間と来週の読み聞かせの時間を共有することで、「また読んで！」の読み聞かせになるのです。

○「読み聞かせを聞く」→「聞きたくなる読み聞かせ」の違いについて

声には表情があります。その声の表情は、練習した通りに読んだ読み聞かせと、途中で間違うことがあっても、「お話を届けたい」「一緒に読み聞かせを楽しみたい」という思いで読み聞かせをするのでは、子どもたちの反応は明確に分かれます。

「読み聞かせを聞く」というのは、読み手に意識が向けられていて、ちゃんと読むことに注力するため、子どもたちとの一体感は生まれないのです。読み聞かせは、練習の発表の場ではないですし、子どもたちは上手に読んでほしいとは望んでいないので、子どもたちと読み聞かせを楽しみたいという想いを、表情が豊かな声で届けてほしいです。そしてさらに、表情が豊かな声で、登場人物の個性を次のように表現してみてください。

「大きなクマがいました」のセリフは、抑揚をつけずに淡々と読むと、クマがいる存在を伝えているにすぎないのですが、セリフを伸ばしながらゆったりと読むことで、クマの体の大きさやずっしりと重い体が伝わるだけでなく、のんびりした性格なのかなと、クマの個性まで臨場感を持って伝わるのです。

それらを想像する楽しさから、「聞きたくなる読み聞かせ」になるのです。

○クラスの個性の見極め方

読み聞かせボランティアをしていると、一番気がかりに思うのは、子どもの反応ではないでしょうか？　反応が返ってこないときは、「絵本の選び方を間違えてしまったのかな？」「上手に読めなかったから、反応が無いのかもしれない」など、思ってしまいますよね。

そのような反応のときは、**「クラスの個性」**かもしれません。

始まりのあいさつが、とても元気が良いクラスは、面白い場面でみんなが笑ってくれたりして、反応が大きいです。座っている列も、よく見えるように移動したりして、主体的に行動します。

その反対に、きちんと並んで、控えめなあいさつをするクラスは、読み聞かせの途中で声を出したりすることが少ない場合があります。

それでも読み終えると、目を輝かせながら拍手してくれて、ちゃんとお話が届いていることを実感しましたし、感動で胸がいっぱいになったこともあります。

さらに、年度終わりに届けてくださる、お礼の手紙で、その気持ちを後から知りました。

現在、仕事やボランティアなどで読み聞かせをされている方は、目に見える反応が無かったとしても、ちゃんと届いていることを、ぜひ知っていただきたいです。

○大人になっても心に残る読書体験になるための大切なポイント

「声のぬくもり」が、何よりも大切なポイントです。「声のぬくもりを届けられるのが、読み聞かせ」だからです。読み聞かせをした絵本の冊数の多さよりも、一冊の絵本に込められた声のぬくもりが、大人になっても心に残る読書体験になるのです。

高校生・大学生・大人になった子どもたちに聞いてみると、数冊は覚えていても、ほとんどはタイトルなど覚えていないことが多かったです。「表紙にこういう絵があって、こんな感じのお話だった」というように、お話の内容も一部分だけしか覚えていないことがほとんどです。では、絵本の読み聞かせは、しなくても良いのでしょうか？

絵本は正確に覚えていなくても、唯一覚えていることで共通していたことがあります。

それは、「読んでくれた」ことです。「小学校に、読み聞かせで来てくれていたよね」「夜寝る前に、いつも読んでくれたよね」と、どのお子さんも読んでくれたことを覚えていました。お父さんが読んでくれた日もあったことや、妹と聞いたことなど、当時の様子がありありと思い浮かぶというお子さんもいました。それが、大人になっても心に残る読書体験なのです。

第4章　子どもがこんな場合、どうすればいい？

これまで、読み聞かせの基本的なメソッドをお伝えしてきましたが、実際に読み聞かせをすると、子どもたちの反応や態度に困ったり悩んだりすることも出てくるでしょう。

ここでは、そんな「どうすればいいの？」といったシチュエーション毎にアドバイスをしていきます。

Q1. そもそも絵本に興味を持ってくれない

絵本に興味がないと、「絵本の選び方が、年齢に合っていないから？」と、まず最初に考えられることが多いようです。

しかし、ただ単に他に興味があるという場合があります。

絵本の読み聞かせを聞きながら、「あのおもちゃで、まだ遊びたかった」など、他に興味があるだけかもしれません。なので、途中で飽きてしまう、絵本を手に取らないのが、必ずしも絵本に興味がないわけではないことを覚えておきましょう。

このような場合は、「絵本に手が伸びるまで待つ」ようにすると良いでしょう。リビングや子ども部屋、夜寝るお部屋など、お子さんが手に届く棚などに、絵本を並べましょう。

その際、背表紙を向けて並べるだけでなく、スペースがあれば、ぜひ絵本の表紙を向けて並べてみてください。

「あれっ？　どんなお話かな？」と、自然に手に取るきっかけになります。もしくは、棚を布などで隠す方法も試してみてください。子どもは、布をめくった先に何があるのか確かめたくなりますので、絵本を発見した楽しさから興味を持つことにつながると思うのです。

大切なのは、「自然に、絵本に手が伸びる」ことです。例えば、お店の店頭に行列ができていると、何があるのか気になりますよね？　並びたくなるというよりも、行列の先に何があるのか、知りたくなる気持ちに近いのです。

その一方で、今まで読み聞かせを楽しく聞いていたのに、飽きてしまったのか、絵本に興味を持たなくなってしまうことがあります。

そのときは、「絵本で満たされている」場合があります。

たっぷり絵本を楽しめたから、他に興味を持つことがありますので、再び絵本に興味を持つまで待ってみましょう。

「でも、読み聞かせの習慣をつけた方が良いのでは？」と思われるかもしれません。

食べ物の例が分かりやすいのですが、大人でも、大好きな食べ物を、習慣が大事だからといって、毎日・何週間、何ヶ月も食べ続けるのは、かなり難しいですよね。同じように、たくさん読んでもらって満たされたから、他のことを楽しんでいると考えてみてはいかがでしょうか？

絵本に興味を持ったり、絵本を読みたくなったりする環境を作ることはできますので、次の方法を試してみてください。

その環境とは、ご家族のどなたかが、絵本や本をわくわく楽しそうに読んでいると、自然に「何を読んでいるの？」とお子さんが、興味を持ちます。

私が、子どもの頃から、グリム童話やアンデルセン童話が好きだったのは、家にその本があったということと、父がよく読書をしている姿を見て、「面白いのかな？」と不思議に思ったのがきっかけでした。

「絵本って、楽しいな。面白いな〜」と、演技ではなく、**実際に体感しながら楽しんでいる様子に、「読んで」と声が掛かったら、読み聞かせをしてみてください。**

Q2. 繰り返し読んでほしがる場合はどうすればいい？

読み聞かせのお悩みでは、「同じ絵本を何度も読んでほしがるときは、そのたびに読んだ方が良いのでしょうか？」と聞かれることが多いです。困った行動だと思われるのですが、何度も繰り返し読みたくなるのは、ごく自然な行動です。

ちょっと想像していただきたいのですが、本屋さんの中で、読み終わった途端に一ページ目から読み始めたくなるのは、絵本だけではないでしょうか？

小説に深く感動したとしても、読み終えた直後に、最初から読み返すことはないと思います。しばらく間を空けると思うのです。推理小説ならば、なおさらそうですよね？

そう考えてみると、本屋さんにあるたくさんの本の中で、読み終えた直後から、再び夢中になれるのが絵本なのです。

それは、遊園地のアトラクションに、もう一回乗りたくなるように、お話の世界に、もう一回行きたくなるからです。

それでは、どうして困った行動のように感じてしまうのでしょうか？　それは、**何度も繰り返し読まなくてはいけないから**なのです。文字を読めるお子さんが、自分で繰り返し絵本を読んでいるときは、「その絵本が大好きなのね」と思えると思います。しかし、「もう一回読んで」と言われるたびに、繰り返し読まなくてはいけないことに困ってしまうのです。

読み聞かせのお悩みは、その行動の理由が分かると、負担に感じていた気持ちが軽減されると思います。

大人も、好きなアーティストの曲を繰り返し聴いたり、ライブ映像を何度も視聴したりしますよね。同じ行動なのです。

作者としては、何度も読みたくなる絵本を描けるようになりたいと思っています。

Q3. 読み聞かせをしていても、途中で飽きてしまう

最初は聞いていたのに、途中で飽きてしまう場合、次の点を確認していただければと思います。

① 一ページの行数が、年齢に比べて多くないか

絵本は、次のページの先が気になることで、よりわくわくするのですが、行数が多すぎると、ずっと同じページを見ることになります。そうすると、まだ読んでいるにも関わらず、次のページが気になってしまい、途中で飽きてしまうのです。

② 本文を全部読まず、絵だけで楽しむ

長い文章を読むのが苦手な子の場合、本文を読まず、絵を見て楽しむ読み聞かせをして

みてください。読み聞かせというと、最初から最後まで読むものだと思うかもしれませんが、「文で語る」「絵が語る」というように、お子さんと絵だけを見ながら、「何しているのかな？」「こんなところに、てんとう虫がいたよ」など、絵本が語っているのを感じ取っていただけたらと思います。

③　途中で別の絵本に替えてもＯＫ

途中で、他の絵本を持ってきたら、その絵本の読み聞かせをしてください。「途中で終わっても良いのでしょうか？」と思われるかもしれませんが、今回は終わったとしても、その後、再びその絵本を読みたくなるかもしれません。

無理強いしてしまうと、絵本そのものを嫌がってしまいかねないので、**「最後まで読むことよりも、「今読みたい」気持ちを優先していただければと思います。**

Q4. 眠そうにうつらうつらしている。途中でやめた方がいい？

そのまま最後まで読んであげてください。途中でやめるのがいけないわけではなく、起きてしまう場合があるからです。

よく寝かしつけで、もう寝たかなと思って、お布団に寝かせようとすると、パチッと目が開いて、また仕切り直しをすることがありますよね。まだ文字が読めないお子さんでも、お話をよく覚えていたりするので、「あれっ？　まだ途中だよ」と気付いて、起きてしまいかねません。そのため、最後まで読んでいただきたいのですが、ポイントがあります。

それは、**通常よりも、ゆっくり読んであげてください。**

子守歌のように、絵本の読み聞かせをしていただければと思います。お話の世界から夢の中へ誘ってあげてください。

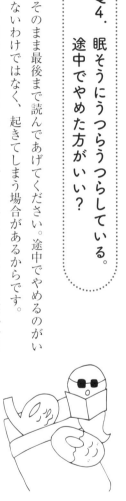

Q5. 兄弟・姉妹一緒に読み聞かせする場合は、どうすればいい？

兄弟・姉妹一緒に読み聞かせをするとき、１人一冊ずつ選ぶことで、それぞれ読みたい絵本は公平に決まります。しかし、ここからが悩まれると思います。それは読む順番です。お子さんが２人の場合は、交代で読めば良いでしょう。たとえ今日、自分の絵本でなくても、「明日は読んでもらえる」と思うので待てますよね。

それでは、３人はどうでしょうか？

上の子から順に読んでも、公平になるように配慮が必要だと思います。

しかし、その公平に決めるのが難しいですよね。

我が家では、「スペシャルな一冊をどの絵本にするか、じゃんけん大会で決めよう」と、盛り上げようとしたことがあります。すると、一番下の子が三番目になったのです。

じゃんけんで決まった通りに、一番目は真ん中の子ども、二番目

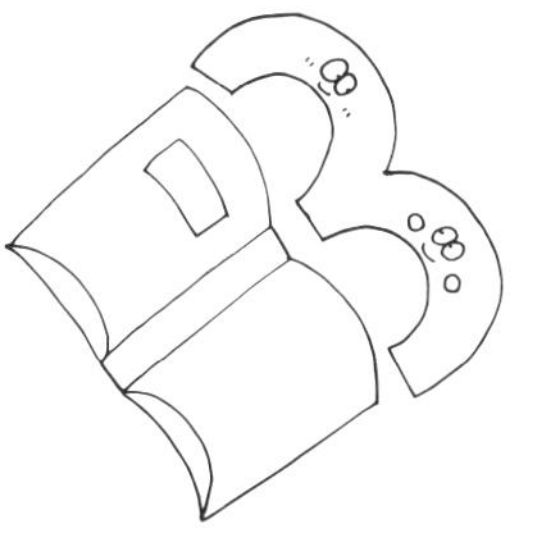

は一番上の子どもの順番で読もうとしたら、上の子たちが、順番を一番下の子どもに譲ってくれました。

すねたりぐずったりしていなかったのですが、「こういったときはどうしよう」と思いました。

このときは、上の子たちの思いやりを尊重しました。一番下の子どもには、「今日は〇〇ちゃんの順番ではないのに、お兄ちゃん、お姉ちゃんが譲ってくれたんだよ」ということを改めて説明して、一緒に「ありがとう」と言いました。

上の子たちには、「明日と明後日は、ちゃんと順番で読むからね。ありがとうね」と、何度も感謝しました。

思わぬ展開で、きょうだい間での思いやりと優しさを感じました。

どの順番であっても**公平にして、子どもが納得することが大事だと思った出来事**です。

Q6. 赤ちゃんに読み聞かせするときのポイントは?

赤ちゃんに、いつも通り読み聞かせをしようとすると、途中で赤ちゃんが指で指したり、ページをめくって前の場面に戻ってしまうことがあると思います。**興味を持った行動をそ**

のままさせてあげてください。

例えば、りんごが描いてあるページに、「だれのりんごかな？」という本文が書いてあったとします。

このような場合、そのまま読んだ後に、「○○ちゃんのりんごかな？」とか、「真っ赤でおいしそうなりんごだね」など、自由に声を掛けてあげたり、一緒にりんごを指差して、パクパク食べる真似をしたりして、絵本を楽しんでください。

Q7．小学校高学年など、大きな子への読み聞かせ時のポイントは？

高学年になると、「命の大切さを伝えたい」など、テーマがある絵本を選ぶことが少なくありません。

その他、小学校で読み聞かせボランティアをされている方から、「挿絵もない本を、ただ読んで聞かせる方がいるのですが、高学年には、絵本ではない方が良いのでしょうか？」と聞かれたことがあります。

即答で、「ぜひ、絵本の読み聞かせをしてほしいです」とお伝えしています。大切にしていただきたいのは、絵本を通して伝えたい想いが、かえって本嫌いにならないように、配慮していただきたいのです。

「絵本でなければ伝えられない」ことがあることを、前提にしたとしても、**「子どもたちのため」→「自分が読みたいから」になっていないでしょうか？**

もしかしたら、クラスの中で、悲しいお別れをしたばかりの子どもがいるかもしれません。わくわく面白い絵本を今日も読んでくれると思っていたら、ずしんと心が重く感じてしまうかもしれません。決して、読まないでくださいということではないのです。色々な状況があるかもしれないので、気を配っていただきたいなと思います。読み手は、読んだら終わりと思われるかもしれませんが、聞き手である子どもたちは、その時間から一日が始まるのです。

子どもたちが、「高学年になると、絵本は読まない方が良いのかな？　厚い本を読むようにしないといけないのかな〜」と思ってしまい、まだまだ絵本を楽しめる高学年なのに、絵本から離れてしまうことがないようにしたいですよね。

なので、深く重いテーマの場合は、生まれたときの様子を家族に聞いたりするなど、授業に関連して合わせたりすると良いでしょう。そして、厚い本は、図書室で自然に興味がわいて手に取ったり、お友達が読んでいて面白そうだと思って読み始めたりするので、読み聞かせでは、ただただ絵本のお話の楽しさを共有・共感していただきたいです。

Q8. 絵のない本を読み聞かせする際のポイントは？

挿絵があれば、絵本の読み聞かせのように、子どもたちにページを見せながら読むのが良いです。幼年童話は、年長から小学校低学年を対象にしています。

例えば、

『エルマーのぼうけん』（作：ルース・スタイルス・ガネット　絵：ルース・クリスマン・ガネット　訳：わたなべしげお、福音館書店）

『ロボット・カミィ』（作：ふるたたるひ　絵：ほりうちせいいち、福音館書店）

『ふたりはともだち』（著：アーノルド・ローベル　訳：三木卓、文化出版局）

そのほかにも、たくさんありますが、集団での読み聞かせは、年齢以上の内容を読むことがないように、配慮しましょう。

例えば、**高学年になったからといって、挿絵を見せることなく、読み続けてしまうと、かえって本嫌いになりかねません。**

「もう絵本は読まない方が良いのかな」と思わせてしまうかもしれません。

大切なことは、読み聞かせをした絵本から、他の絵本との出合いをつなぐことです。

それなのに、「難しい本を読まないといけないんだ」と思わせてしまうと、絵本との出合いも途絶えてしまうかもしれません。

きっかけは大事ですが、絵本の楽しさから、自然と子どもから幼年童話に出合いにいけるようにしていただきたいです。

Q9．絵本を通じて、大事なことを伝えたい。どうやったら伝わる？

まず最初に、**「伝えたい」が押し付けにならないように配慮してほしいです。**

「伝わるのか」は、読み手の視点になりますので、悩みが生じるのです。

「伝える」→「届ける」の言葉に変換してみてください。

そして「伝わる」→「届いている」の言葉に変換してみてください。

例えば、命が大切だと伝えたい気持ちや、伝わってほしい気持ちで、読み聞かせをしたとしても、どう感じて何を思うのかは、聞き手である子ども次第です。

伝わらないということではなく、おそらく「こう感じてほしい」という気持ちに対して、期待通りになるとは限らないことは、ご理解いただければと思います。

そのようなときは、感情を込めすぎず、いつも通りに読み聞かせをしてみてください。

話を届けて、聞き手の反応があった場合、それは読み手の想いが伝わったのではなく、「作者の想い」が届いたのだと思います。絵本には、作品の力があるからです。

Q10. 胎教のための絵本の読み聞かせについて、どう思いますか？

私は、一番上の子どもが、お腹にいるときから読み聞かせを始めていました。

お腹の赤ちゃんは見えませんが、どういう絵が描いてあるのか教えてあげていました。

読んだ絵本を覚えているとかではなく、**絵本を通してコミュニケーションがとれたら良いなと思います。**

お腹に向かって話しかけるのが、ちょっと照れ臭かったり、どのような言葉を掛けて良いのか戸惑っている妊婦さんも、読み聞かせを通してなら会話しやすいと思いますので、試してみてくださいね。

第5章　絵本の選び方について

ここまで読み聞かせの仕方について、お伝えしました。

現在、読み聞かせでお悩みの保育士さんや読み聞かせボランティアの方、お父さんお母さんなどのお役に立てましたら幸いです。

しかし読み聞かせの前に、そもそも「どんな絵本を読んであげればいいの?」といった点で迷われる方もいらっしゃるかと思います。

ここでは、そのような方々向けに、絵本選びのポイントを年齢別に詳しくお伝えします。

絵本選びのポイント

① 四季に合わせる

春は桜、夏は海、秋は紅葉、冬は雪など、日本には四季折々の美しさがあります。そして、それぞれの季節ならではのお話がたくさんあります。

絵本を通じて、ぜひお子さんに登場人物と一緒に季節を感じたり、出来事を体感してほしいです。

例えば、春には桜の絵本が書店に並びます。桜の淡い色使いに、まるで目の前に満開の桜が咲いているように、心動かされるお子さんも少なくないでしょう。

夏には海にまつわる絵本が多く出版されます。海に行ったことがない子どもたちは、まだ見ぬ〝海〟というものに想像力をかき立てられるでしょうし、海の中にはどんな生物がいるのか、知るきっかけにもなります。

季節に合った絵本を選ぶことで、例えばてんとう虫を探しに行くなど、行動につながる楽しさもあり、親子の会話もきっと弾むでしょう。

②行事に合わせる

四季だけでなく、行事などイベント毎に合わせて絵本を選ぶのもいいでしょう。

例えば、入学式の前に小学校に上がる子どもたちが主人公の絵本を読み聞かせれば、子どもたちも登場人物の気持ちになりきって一足早く学校生活を体験できるかもしれません。お子さんの不安やドキドキした気持ちを理解したり、共有したりするきっかけにもなるでしょう。子どもたちに「登場人物は○○な気持ちになっているけど、××ちゃんはどう思う？」などと問いかけてみるのもいいかもしれませんね。

クリスマスや大みそか、お正月といった行事について知るのにも絵本は大きな効果を表します。

クリスマスにはサンタクロースがやってくること、大みそかにはカウントダウンをしたり、年越しそばを食べたりすること、お正月には羽根つきや凧揚《たこ》げ、かるたなどの伝統的な遊び・おせち料理の由来や意味などを学べます。

絵本を通じて、「私も、これやってみたい」と思うこともあるでしょう。子どもたちの知識を増やしたり、想像力を養ったりするだけでなく、好奇心をくすぐるためにもぜひ絵本を積極的に活用してみてください。

③理解力に合わせる

年齢だけでなく、子どもたちの理解力に合った絵本を選ぶことも忘れずに。

同じ3歳でも子どもによって、言語の発達能力は異なります。

そのため、絵本の対象年齢にとらわれすぎることなく、我が子の言語能力や理解力に合わせて選書することも大事です。

また子どもが好きなものを取り扱った絵本であれば、多少対象年齢とズレが生じていても、子どもは興味を示してくれるかもしれません。

例えば、恐竜や乗り物が好きな子どもは、少し難しくても、それらが登場するお話だったら、目を輝かせて「早く続きを聞かせて」とせがむかもしれないですよね。

また大人が「ちょっと難しいかな？」と感じたら、ページをめくりながら、子どもたちの表情を見たり、実際に「〇〇について分かったかな？」などと問いかけたりして、読み進めていきましょう。いつもよりスローペースで読んだり、身振り手振りなどを加えてより分かりやすくしたりするのもいいかもしれませんね。

絵本はコミュニケーションツールの一つ。

たとえ大人が「読みたい」と思っても、子どもたちの理解力が追いついていなければ、心には残らないかもしれません。絵本を読み聞かせしながら、子どもたちの表情や態度を観察して、理解できているかどうか確認していきましょう。

年齢別で選ぶ理由・絵本の組み合わせ方

「なぜ年齢別で選ぶ方が良いのでしょうか？」「お話を理解してもらうために、年齢別で選ぶのでしょうか？」とよく聞かれます。これに対しての答えは、とってもシンプルです。それは年齢別で選んだ方が、その絵本を「一番楽しめる」からです。

ちょっと極端な例ですが、『いない　いない　ばあ』（作：松谷みよ子　絵：瀬川康男、童心社）の絵本を一番楽しめるのは赤ちゃんですよね？　それでは、その絵本を小学校高学年の子どもに読み聞かせをすると、どうなるでしょうか？「いない　いない」の次のページは、「なんだろう？」とわくわく楽しんでくれるでしょうか？

答えは、赤ちゃん以上に楽しいとはならないですよね。

なぜなら、次のページを予測できてしまうからです。

次も「ばあ」の展開になることが分かるので、赤ちゃんのように、「なんだろう？」とわくわくすることもなく、「そうだよね」と確認するだけなので、赤ちゃん以上に楽しめないのです。

このように、一冊の絵本は、年齢によって反応が大きく変わります。なので、複数の年齢が楽しめる絵本の場合、

「その中でも一番楽しめるのは、どの年齢なのかな？」と考えていただくことが大切だと思います。

○ 年齢に合った絵本の選び方

「年齢に合っているのか分かりません」というお悩みが多いです。これは、年少〜年長向けの絵本が、小学三、四年生も楽しめる絵本だと思うと、どちらの年齢に合わせれば良いのか、判断に迷ってしまうということだと思います。

この場合は、どちらの年齢も合っているといえるでしょう。そのため、「年齢に合った絵

本」の判断よりも**「一冊の絵本を年齢別に楽しむ方法」の判断ができるようになることをおすすめします。**そうすることで、お悩みが解決して選書の幅がより広がるでしょう。

例えば、お友達とケンカをして仲直りをする絵本の場合、年少〜年長では、言葉のやりとりや登場人物が仲直りできて良かったと思い、終わってしまいます。しかし同じ場面でも、小学三、四年生では、セリフや表情から、登場人物の心情を読み取り、「あのとき○○ちゃんは、こういう気持ちだったのかな」「こう言えば良かったな〜」など、自分事に置き換えて、絵本を楽しめるようになります。このように一冊の絵本から、それぞれの年齢で、お話の楽しみ方や理解に違いが生まれてくるのです。

○絵本の組み合わせ方

集団での読み聞かせの場合、複数冊を読むこともあるでしょう。その場合、一冊目と二冊目にどのような絵本を読むか、組み合わせがとても重要です。

未就園児サークルのように、赤ちゃん〜3歳ぐらいまでの、異年齢へ読み聞かせをする場合と、クラスで読み聞かせをする場合の組み合わせ方は変わります。判断のポイントは、一冊目の集中力とお話の長さです。その違いを説明します。

・未就園児サークル・読み聞かせイベントでの組み合わせ方

まず一冊目は、小さい子の年齢に合わせましょう。短いお話の絵本で、大きい子も一緒に楽しんでから、徐々にお話が長くなるように、二、三冊目の読み聞かせをするのがポイントです。その理由は、逆の順番で読み聞かせをしていただくと納得されると思います。

一冊目に3歳向けの絵本を読んだ場合、1歳ぐらいのお子さんは、お話が長くて遊びだしてしまいかねません。

このように、未就園児サークルや読み聞かせイベントなど、異年齢へ読み聞かせをするときは、絵本の組み合わせの順番がとても大切です。

・クラスでの読み聞かせの組み合わせ方

同じ年齢に読み聞かせをするときは、組み合わせ方が変わります。この場合のポイントは、**集中力**です。

一冊目は、「今日は、どんな絵本なのかな？」とわくわく楽しみながら聞く姿勢ができています。なので、お話が長い絵本を一冊目に読むようにしましょう。

例えば、「1分しか差がないから、お話が短い方が先でも変わらない」と思われたら、ちょっとお待ちくださいね。

その1分の差を、子どもたちは倍以上に感じてしまいます。だから、絵本の組み合わせ方が大事なポイントなのです。

「そんなに違うの～?」と思うかもしれませんが、例えば、一冊目が4分の長さだった場合、体感では「もう終わっちゃうの?」というぐらい、お話が短く感じられる一方で、次に1分長いお話を読むと、「あれっ? まだお話が続くの?」というように、一冊目に早く感じたのと違って、より長く感じてしまいます。なので、クラスでの読み聞かせでは、長いお話の絵本が一冊目、その絵本よりも短いお話の絵本を二冊目にすると良いでしょう。時間に余裕があるときは、二冊目よりもさらに短い絵本を三冊目に読むようにしましょう。

年齢別＋学期毎で選書すると、成長の差を縮められる

絵本を選ぶとき、3歳、小学二年生など、年齢や学年で判断すると思います。そうすると成長の差で、お話の途中で歩き出してしまう子がいたり、よそ見をする子がいたりして、みんなが最後まで楽しめない可能性が出てきます。

この場合は、「年齢別＋学期毎」で選書をしましょう。

一学期・二学期・三学期の中でも、一学期の始まりなのか、中盤なのか、次の学期が近

い時期なのか、細やかな配慮が必要です。例えば、入学したばかりの一年生に読み聞かせをする場合、一年生になったからといって、一ページの行数を増やすケースが少なくありません。そうすると、急にお話が長くなって、子どもによってはお話についていけなくなる可能性があります。

少し前まで年長だった一学期と、夏休み前の一学期では、聞く姿勢や理解力に、学期の中でも差があるのです。

年齢や学年に、ちょうど合う時期は、真ん中の時期です。

季節でいうと秋ぐらいです。「ちょっと行数が多いかな？」など、判断に迷うときは、年齢や学年を一つ下げましょう。

また、誕生月の人数がかたよっていて、秋生まれ以降の子どもがクラスの割合で多い場合は、一学期は一つ学年を下げて選書してあげましょう。逆に春生まれや、夏休み前に誕生日を迎える子どもの割合が多いときは、一学期初めでも、学年に合わせた選書が可能です。

この選書の仕方は、私自身あと数日で学年が一つ下になるほど、早生まれだったからこそ、生み出された独自メソッドです。同級生との差をすごく感じたので、その差を最小限にできるよう考え出しました。「年齢別＋学期毎」で絵本を選んで、成長の差を縮めて、みんなが楽しめる読み聞かせをしましょう。

絵本の選び方のポイント① 赤ちゃん〜3歳まで

成長の差が著しく大きい時期は、「年齢＋月齢」で絵本を選びます。しかも、体の発達によって、絵本の楽しみ方が変わりますので、選び方の判断は、お子さんの様子に合わせましょう。

0歳児の絵本 〜模倣体験または共有体験につながる絵本

原色など色がハッキリしていて、食べ物、乗り物など、太線で輪郭がくっきりしている絵本だけでなく、水彩や色鉛筆で描かれている絵本も、赤ちゃんはじっと見ます。

コップ、スプーンなど身近な物に興味を持ち、覚えることにつながります。例えば、コップを持って飲む動作ができる時期とまだできない時期では、コップが登場する絵本の楽しみ方が変わります。

コップをまだ持てない時期は、コップを持って飲む場面を見て「コップを持つ」という**「模倣体験」**につながります。

コップを持てる時期では、コップで「かんぱ～い」など、絵本と同じ動作を楽しむ、**「共有体験」**をするようになります。

この時期は、絵本で描かれている動作ができるのかで、**模倣体験になるのか、もしくは共有体験になるのか**、違いが出るのです。

そして、まだ言葉をこれから覚えていく時期なので、言葉の繰り返しやリズムがあると、心地良い響きに喜びます。

【適切な文字量：一ページあたり、一行】

1歳児の絵本 ～疑似体験を行える絵本

物の動きに興味を示す時期です。例えば、ボールで遊ぶ絵本の場合、歩けるようになっているときは、同じように遊んでいるように感じられる**「疑似体験」**になります。

まだボールを返せない時期では、ぽ～んと返すことを、絵本を通して覚えることにつながります。

そして、くだものやパンなど写真のように描かれている絵で、物を楽しく覚える時期でもあります。

その際、「おいしそうだね。いただきます。パクパクパク」と食べる真似をしたりして、疑似体験を楽しんでください。

１歳半以降ぐらいから、短いお話を理解できるようになりますので、行数に配慮しながら読み聞かせを行っていきましょう。

【適切な文字量：一ページあたり、一、二行】

２歳児の絵本～当てっこで楽しめる絵本

２歳になったばかりと３歳に近い時期では、楽しめる絵本の内容も大きく変わってきます。読む時期に合わせて、行数に配慮して選びましょう。

またただいぶ予測できるようになっているので、例えば、動物の頭など、一部分だけ見えて、「だれかな？」という絵本の当てっこをして楽しめる年齢にもなります。

「こんにちは」とドアを開けたとたん、一部だけ見えていたゾウの全身が現れる絵本は、『いない　いない　ばあ』（作：松谷みよ子　絵：瀬川康男、童心社）の絵本の原理と同じで、やはり子どもたちに大好評です。

【適切な文字量：一ページあたり、一、二行】

3歳児の絵本 ～子どもの自立をうながす絵本

3歳になると、着替えや歯磨きを嫌がることがありますが、それらが描かれた絵本を通して、「どうかな？　できるかな～？」と一緒に動作をすることで、自分からするようになったりして、絵本に助けてもらう年齢でもありますよね。

その他、「言葉あそび」の絵本も楽しめるようになりますので、しりとりのように、言葉がつながっている絵本など、お話の絵本と合わせて楽しみたいです。

一ページ三行ほどの絵本になると、登場人物の会話のやりとりを楽しめたり、お話の理解力が深まったりしますので、一気にあれもこれもと、絵本を選ぶのが楽しくなる年齢でもあるでしょう。

【適切な文字量：一ページあたり、一～三行】

絵本の選び方のポイント② 年少～年長まで

園での様々な体験・行事と絵本を組み合わせることで、体感の度合いが変わってきます。お話の内容以上に、読む時期が大きなポイントになります。

年少の絵本 ～子どものチャレンジシップを引き出す絵本

泥遊びやプールなど、中には苦手なお子さんもいると思います。それらの絵本で、ちょっと苦手から、「やってみようかな？」の興味を引き出してみましょう。

大事なポイントは、体験前に読むことです。

泥遊びが苦手な場合、汚れるのを気にしたり、水を含んだ土の感触が嫌だったりしますが、泥遊びを思いっきり楽しんでいる絵本の読み聞かせで、「泥遊びって、面白いの？　あんな風に楽しいのかな～？」など、興味を持つようになり、登場人物のように、楽しいものだと認識が変わる力が絵本にはあるのです。

同じように、水に顔をつけられないお子さんが、なんだか楽しそうなプール遊びの絵本を通して、「プールで、バシャバシャ水をかけあいっこしていて楽しそうだな」と、苦手から興味を持つようになるまで変化することもあります。
お子さんの「苦手」や「恐怖心」を克服できるように、絵本を取り入れて活用してみてください。

【適切な文字量：一ページあたり、二、三行】

年中の絵本～保育に活かしていける絵本

野菜の苗などを植えることがありましたら、ぜひその体験の前に、それらが描かれている絵本の読み聞かせをしてみてください。例えば、ミニトマトの苗を植えるときに、「土に穴を掘って、ふんわり土のお布団をかけましょう」と呼び掛けることがあると思うのですが、絵本の絵から、どのぐらいの穴なのか、土のお布団はどのようにかかっているのかを、目で見て知ることで、土の中の様子や土をかける力加減など感覚的に理解できます。

そして、年中になるとお友達と遊びたい気持ちがあるものの、まだうまく気持ちを伝えられなくて、順番を守れなかったり、押してしまったり、トラブルも増えてきます。

そのようなときは、ケンカをして仲直りする絵本を通して、「もしかしたら、こういう気持ちだったのかな？」と聞いてみましょう。

絵本の登場人物の気持ちに共感しながら、お友達との関わり方を体験と疑似体験の両方から培《つちか》っていけたらと思います。

【適切な文字量：一ページあたり、三、四行】

年長の絵本～共感体験が育まれる絵本

年長になると、一ページあたりの行数も増え、絵本のお話の幅が広がります。それでもまだ、すべてのページが五行のお話は長いです。

次に配慮が必要なのは、二冊を組み合わせて読み聞かせをするとき、両方ともお話が長い絵本は避けた方が良いでしょう。途中で「まだお話が続くの～？」と、飽きてしまう子が出てしまうかもしれません。

一冊目は、一ページあたり三～五行の絵本を選書したら、二冊目は、三行までの絵本にするなどして、お話の長短をつけて組み合わせると良いです。

そして、「年中の絵本」のページで説明した、お友達とケンカをして仲直りするという内容の同じ絵本を、年長へも読み聞かせしてみてください。年長になると、登場人物の気持ちの理解がさらに深くなり、自分の気持ちだけでなく、ケンカしているお友達の気持ちとも重ねられるようになります。怒っているお友達に代わって、先生に状況を説明できるようになったりもするでしょう。

さらに、小学校の入学が近くなる三学期は、数字や文字に一番興味を持つ時期です。文字の形をしたクッキーが登場する絵本など、「作ってみたい」という興味から、文字や数字を、絵本を通して楽しく覚える機会になります。

【適切な文字量：一ページあたり、三〜五行】

一冊あたりの時間の目安

絵本を選ぶとき、行数で判断するのが分かりやすいのですが、すべてのページが同じ行数ではないので、「七行あるページがある絵本は長いのかも？」と、判断に迷ってしまうと思います。そのような場合は、表紙のタイトルを読み始めてから、裏表紙を閉じるまでの時間で判断すると良いです。

- **年少**　1〜3分以内
- **年中**　2〜4分以内
- **年長**　3〜5分以内

絵本の選び方のポイント③ 小学生〜中学生まで

お子さんが、小学校に入学した機会に、読み聞かせボランティアを始める方も多いのではないでしょうか？

私は、未就園児サークル・幼稚園での読み聞かせを経て、小学生向けの絵本の読み聞かせ会に参加させていただきましたが、それまでと大きく違った点は、自分の子どもよりも上の学年への読み聞かせが分からないことでした。小学校は六年生までありますので、どのぐらいのお話の長さで、どのようなお話が面白いと楽しんでもらえるのか、図書館の絵本リストなどを参考にしていました。

小学生の絵本の選び方では、低学年（一、二年生）・中学年（三、四年生）・高学年（五、六年生）に分けて説明します。

低学年（一、二年生）への絵本の選び方

同じ一年生といっても、特に年度初めの一年生と、三学期のもうすぐ二年生になる一年生では大きな差があります。

入学したばかりの頃は、一つ学年を下げて年長へ読み聞かせをする絵本を選書してほしいです。そして、夏休みが近くなるにつれ、徐々に一ページあたりの行数や読み聞かせにかかる時間を増やしていきましょう。

ちなみに、学年通りの選書ができるのは、学年の真ん中の秋ぐらい。そこを境にして、お話の長さを短めにするのか、長めにしていくのか、判断のポイントにしてください。

◆低学年の絵本の組み合わせ方

①4分＋4分＋2分

②5分＋3分＋2分

③6分＋4分

低学年の場合、まず4分程度の絵本から始めましょう。5～6分ほどの絵本を読み聞かせする際は、二冊目は一冊目より短くなるように。三冊読む場合は、三冊目は2分程度でさらっと終わるお話を選びましょう。

中学年（三、四年生）への絵本の選び方

集中力がついてきたとはいえ、中学年はひとくくりではありません。なぜならば、三年生は低学年寄りで、四年生は高学年寄りだからです。どのぐらいの違いがあるかといいますと、三年生は、登場人物の気持ちをセリフから理解しますが、四年生は、登場人物の表情からも心情を読み取れるようになります。

学校生活に置き換えると、お友達が言った言葉から、「そう思っているんだ」と、全部ではないにしても、そのまま受け止めるのが三年生ならば、言ったときの表情から、お友達の気持ちを理解しようとするのが四年生になります。

なので、中学年のひとくくりで選書をすると、お話が少し簡単すぎたり、ちょっと難しかったり、学年によって差が開いているので、中学年への選び方は、少々難しいのです。

◆中学年の絵本の組み合わせ方

①　５分＋５分
②　６分＋４分
③　７分＋３分
④　８分＋２分

中学年といっても、三年生か四年生かによって大きく変わります。三年生でしたら、5～6分程度、四年生でしたら7～8分程度の少し長めのお話にチャレンジしてもいいかもしれません。しかし長いお話2本だと、疲れてしまうので、合わせて10分以内に収まるようにしましょう。

高学年（五、六年生）への絵本の選び方

「高学年の選び方が難しいです」とよく言われるのですが、実は一番簡単な学年です。なぜならば、全学年が選書の対象になるからです。

例えば、一冊目を四年生が楽しむ絵本にして、二冊目は、二年生が楽しむ絵本、三冊目を読めるときは、年中が楽しむ絵本などを組み合わせても良いのです。

それなのに、学年以上に難しい絵本や本の読み聞かせをされるケースが少なくありません。

行数が多かったり、「伝えたい」という想いで、深すぎるテーマでの絵本を選書したりするのは避けてほしいです。

あくまでも、読み聞かせボランティアの役割は、絵本の楽しさや面白さを伝えたり、た

くさん出合える機会を作ったりすることだと思うのです。それなのに、良かれと思って読み聞かせをした絵本や本をきっかけに、「高学年になると、もう絵のついた本は読まない方が良いんだ」「難しいお話を読むようにしないといけないんだ」と思ってしまいかねません。

なので、「絵本と出合う架け橋」で在り続けられるように、高学年でも学年を下げた選書を組み合わせて、クラスのみんなと一緒に、絵本の読み聞かせを楽しめるようにしていきましょう。

◆高学年の絵本の組み合わせ方

①　５分＋５分
②　６分＋４分
③　７分＋３分
④　８分＋２分
⑤　10分

高学年になると、10分程度の長いお話も集中して聞けるようになります。だからといって、長かったり難しかったりする本ばかりを選ぶ必要はありません。

確かに、絵本の読み聞かせには教育的な効果も多分にありますが、それ以上に、子どもたちにはお話の世界に入り込み、ドキドキしたりわくわくしたりといった体験を重ねていってもらいたいのです。

読み聞かせをきっかけに、本嫌いになることがないようにしましょう。

高学年になっても、子どもたちに絵本の読み聞かせをしてほしいです。

大人の「○○をさせたい」「△△な子どもになってもらいたい」といった欲求はいったん胸の奥にしまっておいて、子どもたちが純粋に楽しめる絵本選びをしていきましょう。

中学生への絵本の選び方

とても少ないケースですが、小中一貫校が増えていますので、中学生への読み聞かせについても少し触れたいと思います。

絵本の選び方で、私が一番大切にしているのは、お話の最後が明るい気持ちで終わる絵本を選書する、という点です。

できれば、思いっきり笑っちゃうぐらいに、明るく面白い絵本を選んでください。わくわく冒険する絵本も良いです。

なぜならば、中学生ともなれば、色々な感情を抱えながら登校していると思うのです。もしかしたら、休みたかったかもしれません。そのようなときは、絵本の読み聞かせで楽しくて面白い朝が始まったら、下校するまでの一日をなんとか過ごせそうだと思ってほしいのです。絵本のお話は、子どもたちの一日を、楽しい一日にする力があります。そのお話の力を、読み聞かせで届けてあげてほしいです。

なので、中学生への読み聞かせは、小学校高学年での選書と同じように考えていただければと思います。

例えば、読み聞かせの時間を一冊だけにするにしても、クイズのようなお話や、次の展開にわくわくして、あっという間にお話が終わるような、起承転結の振り幅が大きい絵本を選んでみてください。それでも難しいと思われる場合は、ご自身で読んでみて、早く続きを知りたくなる絵本を読み聞かせしてあげてください。

おわりに

～「お話の世界」への招待状～


本書を、お読みくださり、本当に有難うございます。

独自メソッドに、ちょっと驚いたり、不思議に思われたかもしれません。

この読み聞かせメソッドは、絵本の読み聞かせを楽しんでくれた、子どもたちの笑顔から生み出されました。

それまで、自分では確かに分かっている感覚でも、どのように言語化をすれば、具体的で分かりやすく伝えられるのか、大変苦慮しました。

それでも、「もっと絵本を知りたい」と思う気持ちから、メソッドは生まれました。

そして、受講生の皆様と、メソッドを深めたり、伝え広めています。

さらに、今お読みくださっているあなたのお陰で、独自メソッドが、「絵本の読み聞かせ」との架け橋になれています。感謝の気持ちでいっぱいです。

その感謝を込めて、「お話の世界」に招待してもよろしいでしょうか？

ここからは、あなたと一緒に、「お話の世界」を旅する時間にしたいと思いますので、少しだけお付き合いくださいませ。

あなたとの旅の行き先は、真っ白なページだけの、何も描かれていない本です。

まず最初の一ページは、「何を描きますか？」。文字・絵のどちらでしょうか？

それとも、他の何かをページからはみ出しながら描いてみましょうか？

私は、1人静かに、お話を楽しんでいた、小さい頃の自分を描いてみようと思います。

本書を書きながら、「どうして読み聞かせを続けているのか？」「誰に聞いてほしいのか？」

問いかけながら書いていました……。

すると、私の読み聞かせを、嬉しそうに聞いてくれる、小さい頃の自分がいました。

とても満たされたような笑顔で、お話の続きを楽しみにしている姿が思い浮かんだのです。

別に、忙しく働いていた両親に、読み聞かせをしてもらえなかったから、自分だけに読んでほしいとねだっているわけではありません。

1人だけでも楽しかった「お話の世界」を、もしかしたら、今度は団体旅行で行きたいと思って、読み聞かせをしているのかもしれません。

なので、真っ白なページには、まるで向日葵のように、たくさんの笑顔に囲まれている、小さい頃の自分を描いてみました。

子どもたちへ、読み聞かせをするたびに、自分の声でお話を聞きながら、わくわくしたり楽しい気持ちになるのは、小さい頃の自分と一緒に楽しんでいるからだと思っています。

「さあ、ここからは、あなたの番ですよ。どんなお話の旅をしたいですか？」

飛行機で、あっという間に目的地に着くお話でしょうか？　自転車をこぎながら景色を楽しむ旅でしょうか？　ちょっと休憩を多く取りながら、自分のペースで進む旅でしょうか？

最後のページを描いて、裏表紙を閉じるとき、「あなたという旅」は、どのような旅だったのでしょうか？

真っ白なページは、まだたくさんありますよ。あなた自身を描きながら、「お話の世界」をどこまでも旅してみましょう。そして、道に迷ったときは、読んでみたいと思った絵本が、あなたの道標になることでしょう……。

急に宝島に行くことになるかもしれません。森で動物たちとお茶会を楽しむかもしれません。

どんどん、真っ白なページに、出合えた絵本のことをお描きいただければと思います。

私たち大人が、今楽しんでいる「お話の世界」に、たくさんの子どもたちも一緒に旅することができたら、やがて、その子どもたちが大人になったとき、今度は連れて行ってあげることにつながっていくと思うのです。

絵本に育まれている子どもたちが増えていくことは、わくわく想像する楽しさと、未来に希望がつながっていくことだと思っています。

ただただ「絵本のお話を楽しむ」、その気持ちがふくらむような読み聞かせを実践できる独自メソッドを、読み聞かせの時間にお役立ていただだけると幸いです。
最後までお読みくださり、心よりお礼申し上げます。
あなたが出合った絵本を、いつか読み聞かせできますように……。

絵本作家・朗読家　北島多江子

読み聞かせ講座のご案内

本書の独自メソッドは、いくつも絵本に関する講座を受講されたり、経験も豊富で資格をお持ちの方々からも「新しい内容ばかりで、目から鱗の連続です」「やっとすべて腑に落ちました」と具体的で分かりやすいと大変ご好評をいただいております。

読み聞かせメソッドでは、絵本作家による「描く視点」でページのめくり方・間の取り方で表現されている役割など他では説明されていない内容をお伝えしています。朗読家による「読む視点」では、登場人物の個性を表現する読み方で、実際に読み比べると大変驚かれます。

しかし、コロナ禍で、読み聞かせをしたくても出来なかった時期がありました。何か力になれることはないかと考えて活動場所を作るため、読み聞かせを教えられる認定講座を新設致しました。今では各地で活動を広げられています。

移動図書館を始められた認定講師さんは、ご自身の車に絵本を積んで、イベントやマルシェからお声がかかり出店しています。メディア取材も多数受けられています。

家庭文庫を始められた認定講師さんは、ご希望のテーマの絵本をお届けする「お出かけ文庫」が大変喜ばれています。

マルシェで読み聞かせ講座を開講されたり、親子の集いに毎月読み聞かせをされている認定講師さんもいます。

絵本アドバイザーとして、お店に置く絵本を選書されたり自信を持って絵本について発信できるようになったことで認定講師の皆様が大変活躍されています。

そして、さらに読み聞かせメソッドを伝え広めていくため一般社団法人の協会を設立して、認定講師の養成・セミナー・読み聞かせ講座を開講しております。

国内外で対面・オンラインの両方で対応させていただきますのでお気軽にお問合せくださいませ。

一般社団法人絵本プロフェッショナル協会

https://ehon-professional.jp

～子どもが、まだ出合ったことがない話を届けられるように～

『大みそかに、じかんがじゃんけん大会？』
（みらいパブリッシング）
著者 北島多江子
価格 1430円（税込）／B5変形 24ページ オールカラー
全国の書店、Amazon等でご購入いただけます。

初受賞の絵本『大みそかに、じかんがじゃんけん大会？』は参加型の絵本です。途中の場面で、「じゃんけん大会」やカウントダウンを、「10・9・8～」みんなで声をそろえてとても盛り上がる絵本です。

読み聞かせのときは、タイトルを読む前にじゃんけん大会とカウントダウンがあることを、事前に伝えておきましょう。その場面で説明してしまうと現実に戻ってしまうのです。

対象年齢は、全世代で親しんでいただいております。赤ちゃんも、じ〜っと主人公のじかんたちを見ていますし、中学生以上では久しぶりの読み聞かせを喜んでくれます。本の王国ラフレ書店様や豊川店様での、「絵本の読み聞かせ会」最後の絵本の読み聞かせは、年中、『大みそかに、じかんがじゃんけん大会?・』です。

書店内での、絵本の主人公の「ぬりえコンテスト」は、季節行事「入学・子どもの日・ハロウィン・クリスマス」春夏秋冬のぬりえと合わせて、毎回大好評です。たくさんの子どもたちが、色とりどりに塗ってくれます。色鉛筆を持ち始めた、お子さんも参加してくれています。

幼少期から本屋さんを身近に感じられるように、書店様と共同企画で取り組んでおりますが、書店員様に声を掛けるお客様が増えて、交流が生まれているとのことです。書店様では、コーナーを設けてくださり、絵本と取材記事をサイン本と併せて年中並べてくださり大変有難いです。

子どもの頃から大好きな本屋さんに、自分の絵本を並べてくださり多くの書店様のご協力に、感謝の気持ちでいっぱいです。

ぜひお読みいただけると幸いです。

一般社団法人絵本プロフェッショナル協会 代表理事
絵本作家・朗読家
北島多江子
HP https://kitajimataeko.com/

◇2020年 第4回絵本出版賞「絵本のストーリー部門」最優秀賞
受賞絵本『大みそかに、じかんがじゃんけん大会？』
◇読み聞かせ歴27年/大学・行政機関での講師
◇読み聞かせセミナー・認定講師の養成
◇書店での読み聞かせ会・ぬりえコンテストを定期開催(取材多数)
◇小中高で未来授業や講演活動、浜松市生涯学習講師
◇日本パステルホープアート協会　認定指定校　公認インストラクター
◇ＮＨＫ文化センター浜松教室他で『パステル和(NAGOMI)アート』講座

1秒《びょう》で子どもたちの反応《はんのう》が変《か》わる!!
また読《よ》んで欲《ほ》しくなる読《よ》み聞《き》かせ

2023年8月7日　初版第1刷

著　者　　北島多江子
発行人　　松崎義行
発　行　　みらいパブリッシング
〒166-0003 東京都杉並区高円寺南4-26-12 福丸ビル6F
TEL 03-5913-8611　FAX 03-5913-8011
https://miraipub.jp　mail:info@miraipub.jp
編　集　　三村真佑美
ブックデザイン　　清水美和
発　売　　星雲社（共同出版社・流通責任出版社）
〒112-0005 東京都文京区水道1-3-30
TEL 03-3868-3275　FAX 03-3868-6588
印刷・製本　　株式会社上野印刷所

ISBN978-4-434-32347-8 C2037